Diretores (Main Editors)
João Rui Pita e Ana Leonor Pereira
Universidade de Coimbra

Os originais enviados são sujeitos
a apreciação científica por referees.

Coordenação Editorial (Editorial Coordinator)
Maria João Padez Ferreira de Castro

Edição
Imprensa da Universidade de Coimbra
Email: imprensa@uc.pt
URL: http://www.uc.pt/imprensa_uc
Vendas online: http://www.livrariadaimprensa.uc.pt

Design
Imprensa da Universidade de Coimbra

Imagem da Capa
Fragmento de pintura de Rui Cunha. Coleção particular (foto de João Rui Pita)

Infografia
Mickael Silva

Print by
CreateSpace

ISSN
2183-9832

ISBN
978-989-26-1509-7

ISBN Digital
978-989-26-1510-3

DOI
https://doi.org/10.14195/978-989-26-1510-3

Obra publicada com a colaboração de:

2

Os volumes desta coleção encontram-se indexados e catalogados
na Base de dados da Web of Science.

ALIETE CUNHA-OLIVEIRA

PARA UMA HISTÓRIA DO VIH/SIDA EM PORTUGAL E DOS 30 ANOS DA EPIDEMIA (1983-2013)

I
U
IMPRENSA DA UNIVERSIDADE DE COIMBRA
COIMBRA UNIVERSITY PRESS

• COIMBRA 2018

PREFÁCIO

Ser convidado para prefaciar uma obra é algo de muita responsabilidade e de confiança. Foi o que me aconteceu. A autora, Aliete Cunha-Oliveira, que conheço bem, foi minha aluna, mestranda e doutoranda, revelou desde sempre uma personalidade de estudiosa e de investigadora nata. O tema VIH/Sida constitui o seu principal foco de atenção. Com muita dedicação, estudo e trabalho tem dado um notável contributo para o conhecimento desta doença nos seus múltiplos aspetos.

Passaram-se trinta anos sobre o aparecimento "oficial" de tão grave praga. É tempo de começar a fazer a sua história e nada melhor do que a fazer quando se é "contemporâneo" do seu aparecimento e evolução. Faço parte desta era, recordo, ao ler esta obra, muitos acontecimentos; o medo, a expressão de terror que se levantou de imediato, os preconceitos, o ressurgir de movimentos que se aproveitaram deste "castigo de Deus" para imporem as suas ideias e credos, os debates, as comunicações oficiais sobre a evolução e a dinâmica da doença, os números sempre agressivos, as medidas de prevenção, a "mundialização" da doença e a politização da mesma. Situações desta natureza fazem despertar disparates e, até, soluções arrepiantes e despropositadas. A divulgação de nomes de figuras públicas, a marca da maldição que caía de forma inesperada sobre a humanidade, tornou-se numa "constante". Vi e ouvi isto tudo, e, até, tive a oportunidade de diagnosticar cinco casos logo no início da epidemia em Portugal, frutos de coincidências epidemiológicas em que a emigração estava presente. Quatro de transmissão heterossexual e apenas um de natureza homossexual, o que contrariava quase em pleno o que vinha a ser definido em termos de doença e que, mais tarde, se revelou como sendo o perfil dominante. Ao ler este trabalho fui despertado por inúmeras recordações, quer como médico, quer como epidemiologista. Uma nova doença, inesperada? Não, apenas uma entre muitas outras que se preparam para aparecer ou reaparecer, as ditas doenças emergentes, que evoluem silenciosamente no caldo da vida que é a África. Ao analisar este trabalho podemos compreender o que é que está a acontecer, doenças infecciosas novas capazes de modificar e alterar o equilíbrio e bem-estar da humanidade. África é o continente da vida, mas também pode ser o continente da morte. Para agravar a situação, as modificações operadas em África são determinantes, a excessiva urbanização, a pobreza, a falta de cultura, a falta de meios de prevenção e a organização política, dominada por corruptos e sistemas que ultrapassam a escravatura de que foram alvo em tempos e a exploração colonial, são determinantes para a criação de condições desta natureza. A desflorestação, o consumo de carne de certos animais, em países altamente deficientes, e as guerras e conflitos constantes, associados a práticas e comportamentos sexuais típicos destas comunidades ajudam, também, a compreender o fenómeno. Quando a doença atingiu o mundo ocidental, aqui d'El-Rei, a tragédia abateu-se sobre nós. Depois, seguiu-se o desenvolvimento da investigação e a procura de soluções terapêuticas e de prevenção com vista ao controlo e regressão da doença. É o que tem sido feito nos últimos anos. Olhando para a doença, podemos verificar que perdeu a sua aura apocalíptica, passando a ser considerada como "mais uma doença", crónica, e, como tal, perdendo espaço e tempo nas campanhas e na prioridade por parte de muitos atores e agentes com responsabilidades no seu controlo e luta. Sempre o mesmo. Por isso convém estudar e analisar a sua história, tal como vemos nesta importante obra. Ajuda-nos, e muito, a conhecer o aparecimento, o porquê, os fatores sociais, sexuais, comportamentais, políticos e, até, religiosos de uma doença que matou dezenas de milhões de pessoas, que continua a atacar nos "silêncios" da vida e a consumir recursos e a provocar sofrimento.

A sua leitura talvez permita compreender melhor esta doença e ajude a compreender outras que neste momento estão em incubação, porque o problema não está só nos vírus, mas sim na maneira como se propagam aos humanos e inter-humanos, e não se trata apenas da transmissão imediata, sexo, secreções, partículas aéreas, alimentos ou outros, mas sim os verdadeiros fatores, os de natureza social, cultural, económica e, sobretudo, política.

Salvador Massano Cardoso
Professor catedrático da
Faculdade de Medicina
Universidade de Coimbra

Prefácio

Conheço a Professora Doutora Aliete Cunha-Oliveira há cerca de duas décadas, mesmo antes de ter realizado os seus estudos pós-graduados de mestrado e de doutoramento. Ao longo desse tempo apercebi-me das suas qualidades científicas e profissionais, mas também de honestidade e competência.

Fui seu orientador da tese de Mestrado em Saúde Pública pela Faculdade de Medicina da Universidade de Coimbra e fui igualmente co-orientador da tese de doutoramento que foi superiormente orientada pelo Senhor Professor Salvador Massano Cardoso, da Faculdade de Medicina da Universidade de Coimbra.

Aliete Cunha-Oliveira é licenciada em enfermagem pela Escola Superior de Enfermagem de Coimbra exercendo a profissão no domínio da saúde pública. Em 2008 concluiu o mestrado em Saúde Pública pela Faculdade de Medicina da Universidade de Coimbra e em 2015 doutorou-se em Ciências da Saúde pela Faculdade de Medicina da Universidade de Coimbra com a tese intitulada "VIH/sida e comportamentos de risco: monitorizar a evolução". Desde cedo me apercebi que a sua curiosidade científica ultrapassava os limites do trabalho profissional. Isso ficou bem plasmado na sua tese de mestrado e ficou bem claro nas questões que colocava aos orientadores, às interrogações que colocava no decurso da sua pesquisa. Fiquei consciente de que os seus trabalhos académicos não iriam ficar pela licenciatura e pelo mestrado. Falámos antes da sua inscrição em doutoramento sobre a hipótese de continuar estudos académicos. A minha opinião não podia ser outra a não ser que devia continuar dado o conhecimento que tenho de Aliete Cunha-Oliveira, tanto do ponto de vista científico como das suas capacidades de trabalho e das suas qualidades humanas. Para mim não havia dúvidas sobre o êxito final do trabalho por que gostaria de enveredar.

Para se dedicar em exclusividade à investigação de doutoramento a Mestre Aliete Cunha-Oliveira obteve, mediante concurso público muito disputado, bolsa de doutoramento da Fundação para a Ciência e a Tecnologia — FTC, que usufruiu entre 2010 e 2014. Suspendeu neste período a sua atividade de enfermagem no centro de saúde onde trabalhava na cidade de Coimbra. Saliente-se que Aliete Cunha-Oliveira é também pós-graduada em Economia e Gestão em Organizações de Saúde, pela Faculdade de Economia da Universidade de Coimbra e é igualmente pós-graduada em Direito da Medicina, pelo Centro de Direito Biomédico sediado na Faculdade de Direito da Universidade de Coimbra. Toda esta condição revela a enorme curiosidade científica de Aliete Cunha-Oliveira e a vontade extrema de saber cada vez mais aplicando esses conhecimentos ao serviço do outro.

Como co-orientador da sua tese de doutoramento tive oportunidade de acompanhar os seus trabalhos. E esse acompanhamento apenas serviu como confirmação na medida em que estava, efetivamente, diante de alguém que pretende aplicar os conhecimentos científicos ao seu trabalho profissional, que pretende inovar transpondo essa inovação para o seu trabalho profissional e apercebi-me que estava a orientar alguém que pretende aplicar o máximo rigor, exigência e honestidade ao seu trabalho. Foi assim durante a sua tese de doutoramento. Ficariam incompletas estas minhas palavras se não referisse a enorme força de vontade de que dispõe para alcançar os seus objetivos, a sua imensa alegria que coloca no trabalho que faz. Aliete Cunha-Oliveira foi sempre uma pessoa muito interessada pelas questões científicas aplicadas à saúde pública.

Nunca deixando o exercício da enfermagem de saúde pública a Doutora Aliete Cunha-Oliveira tem também realizado trabalho em comissões várias da sua área profissional e a execução de cargos de liderança da maior responsabilidade. Tem exercido outras funções como, por exemplo, diversa colaboração docente com a Escola Superior de Enfermagem de Coimbra, no Mestrado em Saúde Pública na Faculdade de Medicina da Universidade de Coimbra e tem colaborado regularmente no curso de doutoramento em Estudos Contemporâneos do Centro de Estudos Interdisciplinares do Século XX da Universidade de Coimbra – CEIS20 e com outras instituições.

Aliete Cunha-Oliveira é Investigadora do Centro de Estudos Interdisciplinares do Século XX- CEIS 20, estando afeta ao Grupo de História e Sociologia da Ciência e da Tecnologia, que coordeno em colaboração com a Professora Doutora Ana Leonor Pereira.

Os seus interesses de investigação, que mantém paralelamente à sua atividade profissional, são os comportamentos sexuais de risco; infeções sexuais; prevenção, sexualidade e saúde pública, muito em particular em jovens adultos. A investigação realizada e os estudos publicados encontram-se na interface entre as ciências médicas e as ciências da saúde e as ciências sociais e as ciências da educação. Também são bem patentes os seus interesses sobre a história da enfermagem e a história da sida e da sexualidade. A Doutora Aliete Cunha-Oliveira já publicou um livro, capítulos de livros e artigos de âmbito nacional e internacional.

A obra que agora publica foca um assunto que reflete os seus interesses científicos: as doenças sexualmente transmissíveis e, neste caso em particular, VIH/sida em Portugal. O livro que agora se publica faz a história de uma das principais preocupações de saúde pública de finais do século XX e do início do século XXI — VIH/ sida: faz a história dos trinta primeiros anos da doença em Portugal, de 1983 a 2013. A obra inicia-se com uma resenha histórica da evolução mundial da epidemia VIH/sida, parte esta que serve de moldura internacional ao desenvolvimento da doença. De seguida incide sobre o VIH como causa de nova doença e sobre a epidemiologia de VIH/sida no mundo e em Portugal. Depois destas partes iniciais a autora aborda na obra uma das vertentes da sua investigação que lhe são mais caras: a questão dos comportamentos. A Doutora Aliete Cunha-Oliveira reserva um capítulo para a evolução dos comportamentos sexuais nos últimos trinta anos e relaciona-os com o VIH/sida, sua prevenção e tratamento, a organização sanitária portuguesa contra a doença e respetiva educação para a saúde. Algumas partes seguintes do livro incidem sobre instituições e pessoas relevantes, protagonistas nesta luta contra o VIH/sida. Assim, a autora foca ING's e IPSS portuguesas dedicadas à problemática do VIH e da sida; sociedades médicas e científicas com papel na doença; o conhecido congresso "AIDS Congress"; figuras relevantes na luta contra a infeção VIH em Portugal; representações sociais e mensagens preventivas na luta contra a infeção VIH/sida; as mensagens dos dias mundiais da sida; perspetivas futuras da evolução da prevenção e do tratamento da doença, para além de uma completa bibliografia final e outros textos complementares. Em suma trata-se de uma obra que, acima de tudo, sintetiza os primeiros trinta anos de VIH/sida em Portugal e que constitui um excelente e rigoroso mapeamento sobre o tema. Trata-se de uma obra que reúne num único volume as questões mais relevantes sobre o assunto do ponto de vista da saúde pública e das suas problemáticas sociais.

É, então, com todo o gosto que faço um dos prefácios para esta obra da Professora Doutora Aliete Cunha-Oliveira. Trata-se de um livro que resulta de parte de uma importante investigação realizada que tem sido reconhecida nacional e internacionalmente e que se torna de consulta incontornável a todos os interessados no tema.

João Rui Pita
Professor da Faculdade de Farmácia
Investigador e Co-Coordenador do Grupo de Investigação
de História e Sociologia da Ciência e da Tecnologia do CEIS20
Universidade de Coimbra

Sumário

Índice de figuras

PRÓLOGO

Este livro faz uma abordagem histórico-cronológica da epidemia de Sida em Portugal entre 1983 e 2013, centrando-se na evolução das respostas oficiais, da comunidade científica e da sociedade civil.

Em 1981, foi publicado o primeiro caso mundial de Sida. Em 1983, foi diagnosticado o primeiro caso português. Decorridos 30 anos, mais de 60 milhões de pessoas foram infetadas pelo VIH e mais de 25 milhões morreram por Sida. Infetam-se por dia 7 mil pessoas, 1000 delas crianças. Em Portugal, em 2004, morriam de Sida, cerca de 1000 pessoas por ano; até 1996, a mortalidade pelo VIH/Sida aumentou, tendo depois estabilizado; estes valores de crescimento verificados até 1996 e a mortalidade contrariam a situação noutros países europeus, onde a taxa de mortalidade tem vindo a descer. Com este trabalho pretende-se traçar uma história-cronologia do VIH/Sida em Portugal, com base nos dados estatísticos da doença, bem como noutros elementos relevantes para a história de uma das patologias infeciosas mais recentes e de maior impacto social e económico. Estuda-se ainda a evolução dos comportamentos sexuais nos últimos 30 anos e suas eventuais alterações em função dos avanços da infeção, assim como os conhecimentos dos jovens sobre VIH, Sida e suas formas de transmissão e os mitos criados em torno da doença, sua transmissão, tratamento e prognóstico. Refere-se, ainda, alguns dos cientistas portugueses de maior notoriedade na investigação em VIH/Sida e instituições envolvidas. Integrado num projeto de doutoramento, o presente estudo pretende contribuir para uma história recente da doença e, também, da sexualidade em Portugal.

1. Introdução

O ano de 2011 marcou os trinta anos de epidemia de Sida. A infeção já matou mais de 25 milhões de pessoas e atingiu mais de 60 milhões. Por dia há mais de 7 mil novas infeções, 1000 delas em crianças. A cada 15 segundos um jovem entre os 15 e os 24 anos é infetado pelo VIH. Nenhum país escapou à devastação. Mas 2011 assinalou também a passagem de 15 anos sobre a introdução da terapêutica antirretrovírica HAART [1]; os 10 anos sobre a Sessão Especial da Assembleia Geral da ONU sobre VIH/Sida, que definiu a doença como tema de segurança internacional [2]; os 5 anos sobre a Reunião de Alto Nível de 2006, da qual saiu o compromisso de garantir até 2010 o acesso universal à prevenção, tratamento, cuidados e serviços de apoio [3]; finalmente, de 8 a 10 de junho de 2011, realizou-se em Nova Iorque a Reunião de Alto Nível sobre Sida *"Objetivo Chegar ao Zero"*: *definir o caminho para zero novas infeções, discriminação zero e zero mortes relacionadas com a Sida* (UNAIDS, 2011a) [4]. Todos estes eventos decorrem da Declaração do Milénio - *Millenium Development Goals, 2000*, sobretudo do seu Objetivo 6: parar e reverter a expansão do VIH até 2015.

A epidemia mudou. Houve grandes progressos na estabilização e redução de novas infeções em cerca de 60 países. As necessidades de tratamento também mudaram. Seis e meio milhões de pessoas foram postas em tratamento, mas 9 milhões continuam à espera. Hoje há medicamentos melhores e com melhor relação custo-eficácia, mas os custos por pessoa crescem exponencialmente [5].

---

[1] *Highly Active Anti-Retroviral Therapy.*

[2] Declaration of Commitment on HIV/AIDS, 2001, da Assembleia Geral das Nações Unidas.

[3] Political Declaration on HIV/AIDS, 2006,

[4] *Political Declaration on HIV/AIDS, 2011: intensifying our efforts to eliminate HIV/AIDS.*

[5] Os custos da medicação antirretrovírica são um forte obstáculo à sua implantação, difusão e sustentabilidade, sobretudo em economias de menores recursos e nos países emergentes. Em muitos deles, tem sido seguida uma política de levantamento precoce das patentes industriais, fomentando o uso de genéricos. Mas isso, por sua vez, dificulta o investimento em programas de desenvolvimento de novos medicamentos. Apesar de tudo, a Indústria Farmacêutica tem colaborado nessas políticas. Muito recentemente, a ONG *Medicines Patent Pool* e a companhia farmacêutica *Gilead*, produtora de antirretrovirais, acordaram a utilização de genéricos de fármacos e combinações de fármacos antirretrovíricos, ainda em desenvolvimento clínico, em países em desenvolvimento (UNAIDS, 2011b).

Os ensaios clínicos mais recentes (HPTN 052) mostram que o tratamento antirretrovírico precoce bloqueia efetivamente a transmissão do VIH, o que pode vir a modificar o panorama da prevenção e tornar-se na opção de prevenção na próxima década (UNAIDS, 2011a, pp. 11-12). Mas essas intervenções terão sempre que ser reforçadas por continuadas e decididas modificações dos comportamentos (Bello et al., 2011).

2. Resenha histórica da evolução mundial da epidemia VIH/Sida

O advento da Sida no início dos anos 80 do século XX tornou-se o maior desafio sanitário do nosso tempo. Numa civilização marcada pela facilidade de viajar e interagir, e pela liberalização de hábitos e práticas sexuais, a doença tornou-se uma pandemia universal, transpondo grupos, classes sociais e faixas etárias. De início, afetava pessoas que não sabiam que os comportamentos as punham em risco de vida. E o consumo de drogas intravenosas e os contactos sexuais com múltiplos parceiros rapidamente espalharam a epidemia em comunidades onde esses comportamentos eram prevalentes (Treisman e Angelino, 2004, p. 1).

O Síndrome de Imunodeficiência Adquirida (Sida) em humanos é causado por dois lentivírus, o VIH-1 e o VIH-2. Um e outro VIH são o resultado de múltiplas transmissões inter-espécies de vírus da imunodeficiência símia (VIS). A maior parte dessas transferências resultaram de vírus que se transmitiram a humanos numa extensão limitada. Porém, um evento de transmissão, envolvendo VIScpz de chimpanzés no sudeste dos Camarões, deu origem ao VIH-1, grupo M, a principal causa da pandemia de Sida (Sharp & Hahn, 2011).

Na realidade, o VIH-1 não é um único vírus, mas compreende quatro diferentes linhagens, designadas por grupos M, N, O e P, cada uma delas resultante de um evento diferente de transmissão inter-espécies. O grupo M foi o primeiro a ser descoberto e é responsável pela pandemia de VIH-1.

Existem duas espécies de chimpanzés, o chimpanzé comum (*Pan troglodytes troglodytes*) e o bonobo (*Pan paniscus*). De acordo com as sequências do ADN mitocondrial (e, por sua vez, com a região geográfica), distinguem-se quatro subespécies de chimpanzés comuns: a ocidental (*Pan troglodytes verus*), Nigéria e Camarões (P. t. ellioti), central (P. t. troglodytes) e oriental (P. t. schweinfurthii) (Sharp & Hahn, 2011). O Pan troglodytes troglodytes constitui um reservatório natural de VIH-1 (Keele et al., 2006, p. 523).

Figura 1. Árvore filogenética do VIH e VIS

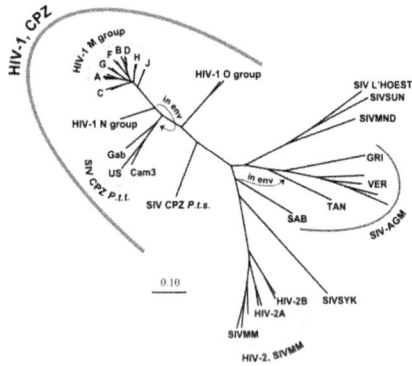

Fonte: Kuiken, C. et al. (1999)

Figura 2. O círculo marca a região onde foram encontrados os chimpanzés portadores de VIS

Fonte: http://scienceblogs.com.br/rainha/2008/12/hiv-origens-i/

Figura 3. Trajetória de transmissão do VIS a humanos

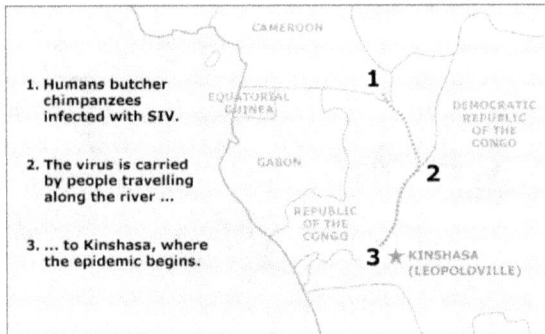

Fonte: http://evolution.berkeley.edu/evolibrary/news/081101_hivorigins

As sequências de vírus da imunodeficiência humana tipo I (VIH-1) são fundamentais para definir a origem e a escala temporal da evolução do vírus. A mais antiga sequência conhecida da infeção VIH data de 1959, numa amostra de sangue de um homem de Leopoldville, Congo Belga (agora, respetivamente, Kinshasa e República Democrática do Congo). A análise genética desta amostra sanguínea sugere que o VIH tenha surgido de um único vírus nos finais dos anos 40 ou início dos anos 50 do século passado. Sabe-se também que o vírus existe nos Estados Unidos desde pelo menos meados ou finais dos anos 70 (CDC, 2009). Outra sequência historicamente documentada refere-se à descoberta de ARN de vírus VIH-1, numa biópsia de 1960, de um nódulo linfático de uma mulher adulta de Kinshasa.

As análises filogenéticas e estatísticas dataram o último ancestral comum do VIH-1 grupo M por volta de 1910-1930, com um estreito intervalo de confiança. Isso indica que, depois que a epidemia de VIH-1 emergiu na África Colonial Centro-Ocidental, ela espalhou-se durante 50 a 70 anos antes de ser reconhecida (Worobey et al., 2008; Sharp & Hahn, 2011).

Durante algum tempo houve quem defendesse a tese de que a infeção por VIH-1 seria proveniente da transmissão a seres humanos do vírus SIVcpz em vacinas orais contra a poliomielite, proveniente de chimpanzés da vizinhança de Stanleyville, hoje Kisangani, na República Democrática do Congo. Na realidade, o VIScpz é endémico em chimpanzés daquela região, mas o vírus em circulação é filogeneticamente diferente de todas as estirpes de VIH-1 (Worobey et al, 2004, p. 820).

Não sabemos ainda como é que os precursores em macacos dos grupos VIH-1 M, N, O e P se transmitiram aos humanos; contudo, baseados na biologia da transmissão desses vírus, a transmissão deverá ter ocorrido através da exposição da pele ou das mucosas ao sangue ou fluídos corporais de macacos infetados. Essa exposição teria ocorrido no contexto de caça de animais selvagens (Peeters et al, 2002).

Desde a sua descoberta, o VIH-2 tem permanecido confinado à África Ocidental, com a maior prevalência na Guiné-Bissau e no Senegal. No entanto, as taxas de prevalência estão em declínio, estando a ser substituído pelo VIH-1. A história natural da infeção VIH-2 difere consideravelmente da infeção VIH-1, o que não é de admirar tendo em conta que o VIH-2 é derivado de lentivírus de primatas muito diferentes. Em 1989 foi proposta uma origem do VIH-2 no Cercocebus Atys, um primata arborícola muito caçado por constituir uma praga agrícola em certas regiões da África Ocidental. A hipótese foi confirmada ao demonstrar-se que seres humanos na África Ocidental albergavam estirpes de VIH-2 semelhantes às das infeções SIVsmm que circulavam localmente (Sharp & Hahn, 2011).

Embora saibamos que a disseminação do vírus em humanos começou antes[6], a história oficial da infeção e da epidemia começa a 5 de junho de 1981,

---

[6] Em 1959 surge o primeiro caso, só confirmado em fevereiro de 1998. A vítima era um homem banto que morreu em Leopoldville (hoje Kinshasa, R.D. do Congo). A 12 de dezembro de

com a publicação por Gottlieb, Weisman e col., de 5 casos de pneumonia por *pneumocystis carinii* no boletim dos *Centers for Disease Control and Prevention* (CDC), *Morbidity and Mortality Weekly Report* (*MMWR*) (CDC, 1981). A notícia sai no mesmo dia na *Associated Press* e no *Los Angeles Times*, no *The San Francisco Chronicle* no dia a seguir e no *New York Times* a 3 de julho. Essa pneumonia é uma infeção oportunista rara na ausência de terapêutica imunossupressora ou de imunossupressão grave secundária a doenças subjacentes. E esses 5 doentes tinham em comum serem jovens homossexuais masculinos, previamente saudáveis, sem história clínica de imunodeficiência aparente até final do ano anterior.

Figura 4. Primeira notícia na imprensa científica sobre uma nova doença

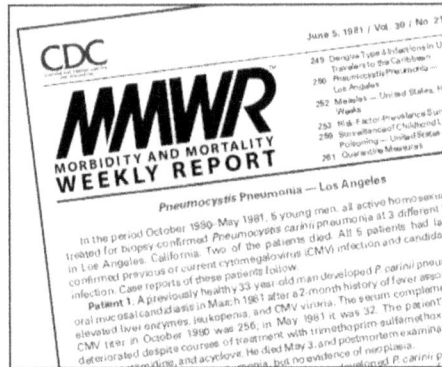

FIGURE. *MMWR* report on *Pneumocystis* pneumonia in five previously healthy young men in Los Angeles — June 5, 1981

Fonte: CDC. Pneumocystis Pneumonia – Los Angeles. MMWR (1981); 30:250– 252

A 3 de julho de 1981, o *MMWR* publica um grupo de 26 casos de sarcoma de Kaposi em doentes homossexuais masculinos de Nova Iorque e da Califórnia. Até aí, os doentes com sarcoma de Kaposi eram pessoas idosas de determinados grupos étnicos (judeus, pessoas de tez escura da costa norte-mediterrânica e certas tribos de África, como os bantos). Mas os de Nova Iorque não tinham nenhuma dessas caraterísticas étnicas nem etárias, eram jovens e eram todos homossexuais. A doença, habitualmente crónica, levava agora rapidamente à morte. Logo se percebeu que estas formas mais malignas de sarcoma de Kaposi, pneumocistose, toxoplasmose e candidíase oral e anal tinham uma origem comum: o colapso do sistema imunitário, que atingia quase exclusivamente homossexuais.

1977 morre em Copenhaga a médica Grethe Rask, que contraíra a doença num hospital do Zaire; o diagnóstico seria feito muitos anos depois. Em 1978 regista-se o primeiro caso em França, num taxista parisiense, um português que havia participado na guerra colonial em Angola. Ainda em 1978, foram registados os primeiros casos na Bélgica, um homossexual e uma mulher oriunda do Zaire. Como o síndrome ainda não era conhecido, as mortes foram atribuídas a outras causas.

A doença terá começado em Nova Iorque, propagando-se a jovens homossexuais californianos e dinamarqueses que lá tinham estado de visita antes do aparecimento dos primeiros casos. Pouco a pouco, a epidemia alastrou a outras áreas geográficas e, assim, no boletim dos CDC de 11 de junho de 1982 constavam já notificações vindas de 20 estados americanos. E quando em 1882 é publicada a análise dos primeiros 355 casos (CDC, 1982a), constata-se já a disseminação a bissexuais masculinos e heterossexuais. A 9 de julho de 1982, o *MMWR* relata que, de 1 de abril de 1980 a 20 de junho de 1982, haviam sido notificados 34 casos de sarcoma de Kaposi e graves infeções oportunistas em haitianos recém-imigrados nos EUA, com predomínio de adultos jovens heterossexuais do sexo masculino e uma alta prevalência de tuberculose disseminada, por reativação da infeção. Na edição seguinte, a 16 de julho, o *MMWR* publica os 3 primeiros casos de pneumonia por *pneumocystis carinii* em hemofílicos sem doença subjacente. Eram todos do sexo masculino, heterossexuais, com hemofilia A grave e recebiam, há vários anos, concentrado de fator VIII, de lotes diferentes (CDC, 1982b). Em 24 de setembro do mesmo ano, os CDC deixam a expressão *"sarcoma de Kaposi e infeções oportunistas em pessoas previamente saudáveis"* e passam a falar de *"síndrome de imunodeficiência adquirida"* (*AIDS/ SIDA*) (CDC, 1982c). Em 1986, o presidente Ronald Reagan, faz as primeiras menções públicas à "Sida" ("AIDS"), como nome da nova doença (KFF, 2011).

O fator de risco encontrado nos primeiros inquéritos epidemiológicos foi a promiscuidade homossexual. Os investigadores dos CDC verificaram que 9 dos 13 doentes homossexuais investigados, em 19 recenseados, integravam uma rede, e que durante os 5 anos anteriores tinham tido relações sexuais com pelo menos outro membro da rede. Na sua maior parte, os contactos ocorreram antes do surgimento dos sintomas, indicando que pessoas aparentemente sãs podiam transmitir a doença. Descobertas as conexões entre a rede californiana e uma rede de Nova Iorque, identificou-se no centro do diagrama de contactos um jovem comissário de bordo canadiano, impropriamente chamado "paciente zero" (Grmek, 1994, pp. 48-49). Ele havia sido parceiro sexual de 9 dos primeiros 19 doentes de Los Angeles, de 22 doentes de Nova Iorque e de 9 doentes de outras 8 cidades americanas. Vítima de sarcoma de Kaposi em 1980, identificado como portador de Sida em novembro de 1982, morreu em 1984 com 32 anos de idade.

Um mês após a primeira publicação sobre a doença, são identificados dois casos na Dinamarca. O primeiro, de 37 anos de idade, morreu em setembro de 1980 no Hospital Real de Copenhaga, de pneumonia intersticial e enfraquecimento progressivo. Quando se começou a falar do papel da homossexualidade nos primeiros casos, soube-se que ele tinha mantido contactos com doentes homossexuais americanos em 1977, em Nova Iorque, um deles com sarcoma de Kaposi. Logo após a publicação do segundo boletim dos CDC, surgem mais dois casos de sarcoma de Kaposi em jovens homossexuais dinamarqueses. Num deles a doença foi rapidamente fatal, por pneumocistose; o outro evoluiu mais lentamente, com uma afeção cutânea associada a amibíase crónica. Entre agosto de 1980 e dezembro de 1981 havia em Compenhaga quatro doentes hospitalizados com sintomas do "*síndrome gay*". Embora três deles nunca tivessem visitado os EUA, todos os quatro tinham estado em contacto direto ou por interposto parceiro com homossexuais de Nova Iorque (Grmek, op. cit., pp. 53-54). Depois de Copenhaga, "placa giratória da homossexualidade organizada", a doença aparece em Londres, Genebra e Paris, "capitais europeias dos encontros de todo o género" (ibidem, p. 55).

Como definição de trabalho entendia-se "SIDA" como uma doença fortemente preditora de um défice da imunidade celular que ocorre em pessoas com resistência diminuída a ela, de causa desconhecida. Entre essas doenças incluíam-se o sarcoma de Kaposi, a pneumonia por *pneumocystis carinii* e outras infeções oportunistas graves. Começam a organizar-se os casos notificados de Sida, de acordo com fatores de risco mutuamente exclusivos: homo ou bissexuais masculinos; consumidores de drogas injetáveis sem história de homossexualidade masculina; naturais do Haiti sem história de homossexualidade ou de consumo de drogas intravenosas; hemofílicos A não naturais do Haiti, sem história de homossexualidade ou de consumo de drogas intravenosas; e pessoas não incluídas em nenhum dos grupos anteriores.

A 5 de novembro de 1982 surgem as primeiras normas de prevenção da transmissão da Sida para profissionais de saúde de clínicas e laboratórios (CDC, 1982d). Os grupos de risco incluíam, antes, o chamado Clube dos Quatro H, iniciais inglesas para homossexuais masculinos, haitianos, consumidores de drogas injetáveis (heroína), recetores de transfusões sanguíneas frequentes (hemofilia) e, agora, os prestadores de cuidados de saúde (health care), tornando o "Clube dos Quatro H", na verdade, um clube de cinco (Treisman & Angelino, 2008. p. 8).

Nos finais de 1982 o boletim dos CDC traria duas novidades importantes: um caso de transmissão por transfusão sanguínea (CDC, 1982e) e 4 casos de transmissão maternofetal (CDC, 1982f). Em janeiro de 1983, surgem notificações de 2 casos de imunodeficiência em parceiras sexuais de doentes com Sida (CDC, 1983a) e de 16 casos diagnosticados em prisões da Costa Leste dos EUA (CDC, 1983b). De entre as hipóteses causais emergia a tese infeciosa, uma etiologia vírica que explicasse a evolução galopante da epidemia [7], a perda seletiva de função dos linfócitos T e a depleção dos CD4+. Vários vírus conhecidos poderiam causar imunossupressão, mas nenhum explicava a perda seletiva e irreversível da função dos linfócitos T (Duque, 2006, p. 33).

---

[7]   Os primeiros 1200 casos notificados aos CDC (junho de 1981 – março de 1983) incluíam pacientes com sarcoma de Kaposi, com menos de 60 anos de idade, e/ou indivíduos com infeções oportunistas graves sem imunodeficiência conhecida. A taxa de mortalidade foi superior a 60% dos casos diagnosticados no ano anterior. Nos EUA foi notificado, em média, um caso por dia durante o ano de 1981, enquanto no final de 1982 e no início de 1983 o número de casos notificados por dia era já 3 a 4 vezes superior (Duque, op. cit., p. 32).

3. O VIH COMO CAUSA DA NOVA DOENÇA

A primeira evidência do papel de um retrovírus na Sida e sintomas associados surge a 20 de maio de 1983. A revista *Science* publica um artigo da equipa de Luc Montagnier (Barré-Sinoussi et al., 1983), do Instituto Pasteur de Paris, dando conta do isolamento de um novo retrovírus a partir de um nódulo linfático de um doente homossexual masculino com adenopatias múltiplas. Comparando-o com o HTLV-I [8], a equipa de Montagnier verificou que o novo retrovírus continha uma proteína p25, de peso molecular semelhante a outra do HTLV-I, mas não reconhecida pelo anti-soro anti-HTLV-I. Esse retrovírus viria a ser conhecido por LAV (*linphadenopathy-associated virus*) e, depois, por VIH-1. Entretanto, nos EUA, a equipa de Robert Gallo argumentava que a doença seria causada por um retrovírus da família HTLV, com os subgrupos HTLV-I e HTLV-II. Mas a presença frequente, em doentes com Sida, de anticorpos contra uma proteína da membrana celular, em vez de anticorpos contra as proteínas da estrutura interna do núcleo e, bem assim, a baixa ocorrência de HTLV-I e HTLV-II em doentes com Sida, apontava para uma ou mais variantes citopáticas, a que se daria a designação coletiva de HTLV-III (Duque, op. cit., p. 38). Partículas específicas de HTLV-III foram utilizadas na criação dos primeiros testes diagnósticos, como a técnica ELISA (*enzyme-linked immunosorbent assay*), que deteta a infeção em 88% dos doentes clinicamente diagnosticados.

Entretanto, em 1984, a revista *Science* publicava o isolamento de outro retrovírus linfocitopático em 22 homossexuais de S. Francisco portadores de Sida, designado por ARV (*AIDS-associated retrovirus*), vírus tão semelhante ao LAV da equipa de Montagnier, que até apresentava reatividade cruzada com ele. Em pouco tempo, descobriam-se três protótipos de vírus: LAV, HTLV-III e ARV.

---

[8] O HTLV-I (*human T-cell lymphotropic virus*) foi o primeiro retrovírus humano descoberto, associado a uma neoplasia. Foi isolado em 1980, a partir de linhas celulares de linfócitos T, derivados de doentes americanos com leucemia/linfoma de células T do adulto. Seguiu-se-lhe o isolamento, em 1982, do HTLV-II a partir de uma linha de células T do baço de um doente com uma variante benigna da leucemia de células T pilosas.

Figura 5. Células T do tipo 1 do vírus (HTLV-1) e
vírus da imunodeficiência humana (HIV)

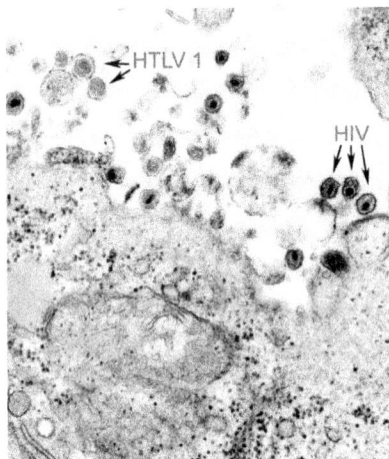

Fonte: CDC. http://pt.wikipedia.org/wiki/HTLV-1#mediaviewer/Ficheiro:HTLV-1_and_HIV-
-1_EM_8241_lores.jpg.

O esforço de nomenclatura não foi fácil, dada a grande identidade organizacional e variabilidade das estirpes. Em 1986, o *International Committee on Taxonomy of Virus* (Coffin et al., 1986, p. 10), propôs que os retrovírus da Sida se designassem por *human immunodeficiency viruses*, HIV (VIH em Português). A descoberta foi atribuída à equipa de Luc Montagnier, que descreveu o vírus em maio de 1983, tendo o grupo de Robert Gallo publicado os seus resultados em abril de 1984 (Duque, op. cit., p. 43).

Em 2008, o prémio Nobel da Medicina e Fisiologia foi atribuído *ex-aequo* a Harald zur Hausen, pela descoberta da causalidade do cancro cervical pelo vírus do papiloma humano, e a Françoise Barré-Sinoussi e Luc Montagnier pela descoberta do vírus da imunodeficiência humana (Nobelförsamlingen, 2008).

Figura 6. Comunicado da atribuição do Prémio Nobel a Harald zur Hausen,
Françoise Barré-Sinoussi e Luc Montagnier (2008)

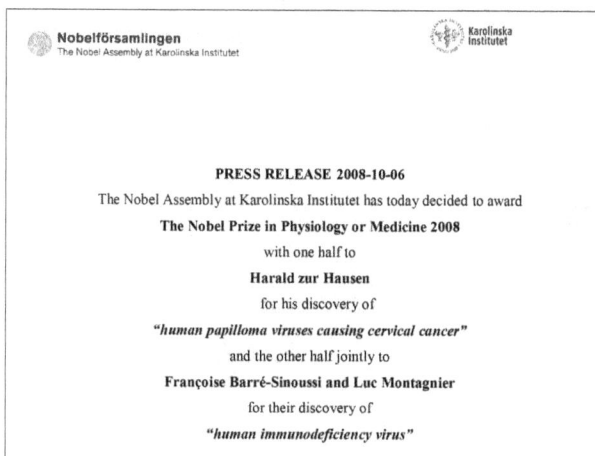

Nobelförsamlingen
The Nobel Assembly at Karolinska Institutet

Karolinska Institutet

PRESS RELEASE 2008-10-06

The Nobel Assembly at Karolinska Institutet has today decided to award

The Nobel Prize in Physiology or Medicine 2008

with one half to

Harald zur Hausen

for his discovery of

"human papilloma viruses causing cervical cancer"

and the other half jointly to

Françoise Barré-Sinoussi and Luc Montagnier

for their discovery of

"human immunodeficiency virus"

Fonte: "The 2008 Nobel Prize in Physiology or Medicine - Press Release".
Nobelprize.org. Nobel Media AB 2013. Web. 9 May 2014

No início dos anos 80, integrada na equipa do Professor José Luís Champalimaud do Hospital Egas Moniz, a Doutora Maria Odette Santos--Ferreira caraterizou os primeiros casos de infeção por VIH em doentes com quadro clínico de imunodeficiência originários da Guiné-Bissau. Na sequência desta investigação, identificou um grupo de amostras com um comportamento anormal face ao método diagnóstico usado – o que constituiria o ponto de partida para a descoberta do VIH tipo 2 (DGS, 2012). Em 18 de julho de 1986, a revista *Science* publica o isolamento de um novo retrovírus humano, em dois doentes do sexo masculino oriundos da Guiné-Bissau e Cabo Verde, ambos com história de infeções oportunistas indiciadoras de Sida (Clavel et al., 1986). Na investigação colaboraram Maria Odette Santos-Ferreira, José Luís Champalimaud, Jaime Nina e Kamal Mansinho, tendo o grupo que integravam publicado, em 1987, um trabalho no *New England Journal of Medicine* (Clavel, F. et al., 1987). O vírus, detetado num paciente originário de Cabo Verde, foi designado LAV--II, e receberia, por proposta do *International Commitee on Taxonomy of Viruses*, de 1986, a designação de HIV-2 (VIH-2). A publicação, ainda no mesmo ano, de 30 casos de doentes com Sida, complexo Sida-relacionado ou assintomáticos, com anticorpos séricos contra a proteína do envelope do VIH-2 e sem coinfeção VIH-1, provava que o novo vírus também era um dos agentes causais da Sida. A infeção por VIH-2 foi inicialmente descrita em doentes residentes na Europa, nomeadamente em Portugal, que teriam sido infetados na África Ocidental. O seu impacto epidemiológico em Portugal é bastante menor que o do VIH-1, representando 4 a 6% dos casos de Sida (Duque, op. cit., p. 45).

A descoberta deste segundo tipo de vírus da Sida teve um impacto enorme na história natural, na epidemiologia e no diagnóstico da infeção VIH (DGS, 2012).

Em 1995 é detetado um foco de epidemia entre os consumidores de drogas injetáveis na Europa Ocidental. O total de infetados no mundo atinge os 20 milhões. E para coordenar a luta contra a Sida a nível mundial, em 1996 é criada uma instância no seio da OMS - a UNAIDS / ONUSIDA.

4. Epidemiologia do VIH/Sida no Mundo e em Portugal

Das cerca de 58,8 milhões de mortes anuais a nível mundial, crê-se que aproximadamente 15 milhões (25,5%) são causadas por doenças infeciosas e destas a infeção pelo VIH ocupa o 3º lugar, com 1,8 milhões de mortes anuais (Fauci & Morens, 2012, p. 457). O número de pessoas infetadas com VIH ficou em 34 milhões em 2011, tendo subido cerca de meio milhão por ano nos últimos 10 anos, permanecendo a África subsaariana como a região mais afetada, com 69% do total de pessoas infetadas pelo vírus (Kmietowicz, 2012).

Figura 7: Estimativa do número de crianças e adultos que vivem com VIH

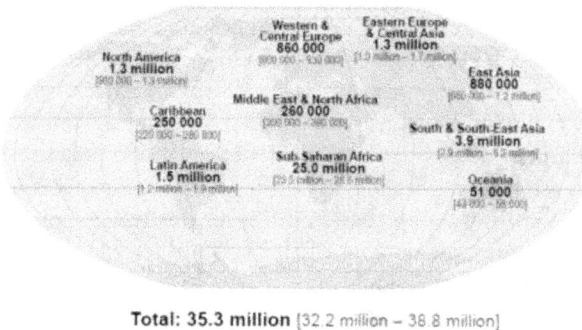

Total: 35.3 million [32.2 million – 38.8 million]

Fonte: UNAIDS/WHO (2013)

De acordo com o Relatório Epidemiológico Anual do ECDC, de 2012, "a infeção por VIH continua a ser um dos principais problemas de saúde pública nos países da EU/EEE. O número total de novos casos estabilizou em cerca de 28 mil casos por ano (correspondendo a uma taxa de 6,3/ 100 000 habitantes), apesar de a epidemiologia nos grupos de risco diferir entre países. Na Europa, a maior parte dos novos casos pertence ao grupo dos homens que têm relações sexuais com outros homens (38%), seguido do grupo de pessoas infetadas pelo vírus através de relações heterossexuais (24%) e dos consumidores de drogas injetáveis (4%). A transmissão vertical (de mãe para filho), as infeções profissionais acidentais e as transfusões de sangue ou de produtos derivados do sangue contribuíram para 1% dos casos (ECDC, 2013). Entre 2004 e 2010 o número de casos entre homem que têm sexo com homens (HSH) aumentou 39%; os casos de infeção adquirida através de contacto heterossexual têm-se mantido relativamente estáveis (36%); os casos nos outros grupos de risco continuaram a diminuir. Na Roménia e na Grécia, pelo contrário, verificou-se, em 2011, um forte aumento da infeção entre usuários de drogas injetáveis. Apesar do elevado número total de pessoas que vivem com VIH, no período de 2004 a 2010 o número de novos diagnósticos de Sida por ano diminuiu para metade na Europa, o que se deve à melhoria do acesso aos cuidados e tratamentos (ECDC, 2013). Em toda a Europa, a epidemia de VIH/Sida tem causado enorme sofrimento humano e perdas financeiras, o número de novos diagnósticos de infeções pelo VIH continua a aumentar de 2000 a 2007, e a taxa anual de infeção relatada pelo VIH aumentou de 39 para 75 milhões (ECDC/WHO Europe, 2008).

Na Europa, cerca de 11% das novas infeções por VIH registaram-se em jovens entre os 15 e os 24 anos, sendo 25% do sexo feminino (ECDC, 2012).

No 30º aniversário da Sida, a UNAIDS (ONUSIDA) publicou as últimas estatísticas da epidemia: até hoje, mais de 60 milhões de pessoas foram infetadas pelo VIH e 30 milhões morreram de causas associadas à infeção. Em 2009 houve 2,6 milhões de novas infeções [9], menos 19% em relação aos 3,1 milhões de 1999; o nascimento de 370 mil crianças com VIH; e 1,8 milhões de mortes relacionadas com Sida. Dos 33,3 milhões de pessoas que viviam com o VIH em 2009, 34% eram de dez países do sul da África. Mas houve uma notável redução no Botswana, na África do Sul, Tanzânia, Zâmbia e Zimbabué. Na Ásia, o número de pessoas com VIH (4,9 milhões) era, em 2009, sensivelmente o mesmo de há 5 anos atrás. Em 2009, as Américas Central e do Sul tinham 92 mil novas infeções e 68 mil mortes relacionadas com a Sida. Na América do Norte viviam com o VIH três milhões de pessoas, e 101 mil ficaram infetadas na Europa Ocidental e Central (UNAIDS, 2011).

No Brasil, os 2 primeiros casos da doença foram relatados em 1982 e 1983, no Estado de São Paulo, tendo sido diagnosticado retrospetivamente um outro caso, no mesmo Estado, em que o contacto com o vírus teria ocorrido nos anos 70. Das metrópoles do sueste a infeção disseminou-se às diversas macrorregiões (Souza, 2001). A epidemia tomou proporções catastróficas nas grandes metrópoles, mas os esforços precoces e continuados de prevenção e tratamento conseguiram contê-la (UNAIDS, 2010). O país desempenha, há muito, um papel de liderança na resposta à Sida. Foi um dos primeiros a atingir o acesso universal ao tratamento e aos serviços de prevenção e diagnóstico, permanecendo uma referência na prevenção e no tratamento da Sida, apesar de persistirem alguns problemas, como o aumento do número de casos na Região Norte do país. No Brasil, há 600 mil pessoas infetadas pelo VIH, número que

---

[9] 45% da incidência em jovens entre os 15- 24 anos de idade.

se mantém estável desde o ano 2000 (UNAIDS, 2010), continuando o país a ser uma referência para a comunidade internacional (Informação SIDA, 2005).

No que toca a Portugal, a país continua a apresentar das mais elevadas incidências de infeção VIH no espaço da Europa Ocidental, apesar de estar a observar-se uma tendência de descida de novos casos, de 1941 em 2007 para 1518 em 2010 (DGS, 2012).

Portugal tem uma área de 92117.5 km^2. A sua população está estimada em 10.5 milhões de habitantes. A expectativa de vida à nascença é de 76.4 anos para os homens e de 82.3 anos para as mulheres (INE, 2012). Toda a população tem acesso aos serviços prestados pelo Serviço Nacional de Saúde. No que respeita à infeção VIH e à Sida, cada doente, de acordo com as normas nacionais, é clinicamente considerado candidato a tratamento antirretroviral e tem acesso gratuito aos medicamentos. Assim, a partir de 1987, a medicação antirretrovírica passa a ser comparticipada pelo Estado Português a 100% do seu custo e a partir de 1992 os indivíduos portadores de VIH passam a gozar de isenção do pagamento de "taxa moderadora".

Em Portugal, o primeiro caso de Sida foi diagnosticado em outubro de 1983, num cidadão português, dois anos após a deteção da doença a nível mundial. Casos anteriores terão sido observados, desde 1979, na enfermaria de Doenças Infeciosas e Medicina Tropical do Hospital Egas Moniz. Foram descritos em homossexuais masculinos de raça branca. A infeção VIH-1 terá entrado no país via Europa e África: via Europa através de consumidores de drogas endovenosas; e a partir de África através de grupos de heterossexuais que haviam residido e tido comportamentos de risco em África (Duque, op. cit., p. 47).

A epidemia portuguesa de VIH é do tipo concentrado, isto é, a prevalência na população geral é inferior a 1%, atingindo sobretudo populações com comportamentos que provocam uma especial vulnerabilidade, designadamente usuários de drogas injetáveis (UDI), trabalhadores de sexo, HSH e reclusos, grupos em que a prevalência da infeção é superior a 5%. Assim: nos HSH, apontam-se prevalências de 7.7% a 10.2%; nos trabalhadores do sexo que acederam a realizar voluntariamente o teste de VIH, a percentagem de seropositividade foi de 8.9%; já a prevalência auto-reportada foi de 7.2%; nos UDI, que representavam de início a maior proporção de infetados, a prevalência tem vindo a diminuir, mas está ainda acima dos 10% (DGS, 2012, p. 2).

Em Portugal, a prevalência de infeção VIH na faixa etária dos 15 aos 49 anos era de 0.6 [0.4-0.7] em 2009, contra 0.5 [0.4-0.6] em 2001. Em 2009, a prevalência nos jovens dos 15-24 anos era de 0.2 [0.1 – 0.4] nas raparigas e de 0.3 [0.1 – 0.9] nos rapazes (UNAIDS, 2010, p.195-197). Até 31 de março de 2013 foram notificados 42 995 casos de infeção VIH/Sida. 12.8% dos casos (5 507) registaram-se em indivíduos entre os 15 e os 24 anos de idade. (DGS, 2012, p. 2) [10].

---

[10] Os dados atualizados a 31 de dezembro de 2014 indicam 47 390 casos de infeção VIH, sendo 36 % jovens dos 15-29 anos de idade (infeção na adolescência ou inicio da idade adulta).

O ano de 1998 foi aquele em que se registou o maior número de casos diagnosticados em jovens dos 15 aos 24 anos de idade, havendo a partir daí uma tendência decrescente, mas menos acentuada a partir de 2005. Em relação ao número total de casos, em 2012 verificou-se uma proporção de 8.9%, a qual se encontra abaixo das médias do ECDC, tanto para países da EU (11%) como para países da Europa Ocidental (9.8%) (ECDC, 2013).

Quanto à distribuição por géneros, verificou-se um predomínio do sexo masculino até 2001, passando a um predomínio do sexo feminino entre 2002 e 2005 e a novo predomínio do sexo masculino a partir de 2006, devido aos casos registados com HSH (Cortes Martins, 2014, p. 18-21).

No nosso País, em 2004, morriam de Sida cerca de 1000 pessoas por ano, tendo até 2010 morrido 7694 pessoas. De acordo com o Plano Nacional de Saúde 2004-2010, 3/4 da mortalidade associada à Sida ocorrem entre os 25 e os 44 anos de idade (Portugal. Ministério da Saúde, 2004). A mortalidade por Sida aumentou até 1996, tendo estabilizado desde então. Estes dados contrariam a tendência de descida da mortalidade noutros países desenvolvidos, apesar de Portugal dispor de um acesso universal e gratuito aos melhores tratamentos (CNsida, 2007). Em relação ao indicador "mortalidade por Sida em idades inferiores a 65 anos", a meta da ONUSIDA para 2010 era 7/100 mil pessoas. Portugal, com 6.8, cumpriu o objetivo, mas na União Europeia em geral o indicador registava 1.14, sendo os melhores valores os da Finlândia e da Grécia, com 0.2 (Portugal. Ministério da Saúde, 2010, p. 31).

Em 2009, o número de infetados por VIH era de 42 mil (32-53mil), contra 31 mil em 2001. A prevalência de VIH nos 3 países mais atingidos da Europa Ocidental era de 0.6% em Portugal, 0.7% na Letónia e 1.2% na Estónia (UNAIDS, 2010)[11].

Calcula-se que o número de pessoas com diagnóstico tardio da infeção (definido pela contagem de linfócitos T CD4+ inferior a 350/mm3) se mantém elevado, superior a 60%, tendência que sendo comum à de outros países da União Europeia é ainda assim muito superior em Portugal. De acordo com a ECDC, o número de casos diagnosticados com CD4+ <350 era de 62.5% em Portugal, contra 49.4% no total da União Europeia (ECDC, 2011c, p. 43).

Quanto à transmissão mãe-filho, entre 1999 e 2010 nasceram 2656 crianças em risco de infeção. Em 73 casos houve transmissão mãe-filho. Em 2010 nasceram 264 crianças de mães com VIH, com uma taxa de transmissão de 1.9%, significando 5 casos VIH positivos. Estes resultados devem-se em grande

---

58% dos diagnósticos são tardios, 20.7% fase Sida, e a média de idade do diagnóstico era de 40 anos (CVEDT, 2014). Os últimos dados disponíveis indicam o VIH e a Sida como sendo a 7ª causa de AVPP (Anos de Vida Potencialmente Perdidos) (CEVDT, 2014).

[11] Os dados atualizados para Portugal em 2014 indicam que a taxa de incidência 10.4/100.000 habitantes, correspondente de novo ao terceiro lugar, atrás da Estónia e Letónia. A incidência de VIH na Europa Ocidental é de 6.3/100 000 (ECDC, 2014).

medida à implementação, pelo então chamado Laboratório de Referência da Sida, de um protocolo laboratorial de apoio aos pediatras infeciologistas para o diagnóstico precoce da transmissão mãe-filho dos vírus VIH-1 e VIH-2. (Pádua, Almeida, Água-Doce, Nunes & Cortes Martins, 2012). De acordo com o respetivo Programa Nacional para a Infeção VIH/Sida, previa-se, como um dos objetivos principais, uma redução das taxas anuais de transmissão mãe-filho para níveis próximos de 1% até 2016 (DGS, 2012a).

4.1. Casos de Sida por vírus da imunodeficiência humana tipo 2 (VIH-2)

Em Portugal a epidemia reveste-se de caraterísticas especiais, pelo elevado número de casos de infeção pelo Vírus da Imunodeficiência Humana do tipo 2, pelo que se justifica uma análise mais detalhada. As principais caraterísticas epidemiológicas destes casos são: até 31 de dezembro de 2012, registaram-se 527 casos (178 sexo feminino; 349 masculino) de Sida por este tipo de vírus, o que corresponde a 3.1% do total de casos de Sida notificados, em que o tipo de vírus é conhecido. Para o VIH-2, registaram-se 72.9% dos casos nos grupos etários dos 25 aos 54 anos. Nos casos em que a categoria de transmissão é conhecida (N= 499), 385 casos (77.2%) correspondem a transmissão heterossexual, 60 (12.0%) referem-se a possível transmissão do vírus por transfusões sanguíneas e somente 20 casos (4.0%) foram notificados em indivíduos toxicodependentes. As infeções oportunistas constituem 84.4% das patologias associadas aos casos de Sida por VIH-2, enquanto se registam linfomas em 6.6% e encelopatias em 2.7% dos casos. À data de diagnóstico, o sarcoma de Kaposi e sarcoma de Kaposi associado a infeções oportunistas (I.O.+S.K.) ligam-se ao VIH-2 numa percentagem baixa (2.8%), de acordo com os casos notificados (INSA, 2012).

4.2. Análise dos relatórios do CVEDT de 1985 a 2013

De acordo com o apelo da OMS, de 30 de maio de 1985, foi criado em junho do mesmo ano o Grupo de Trabalho para o estudo da Sida, com a tarefa, entre outras, de estabelecer um Programa de Vigilância Epidemiológica da infeção VIH. Esse Grupo de Trabalho, integrado no Centro de Vigilância Epidemiológica das Doenças Transmissíveis (CVEDT), era constituído por representantes das Direções-Gerais dos Cuidados Primários de Saúde e dos Hospitais, do Instituto Nacional de Sangue, do Centro de Histocompatibilidade do Sul e do Instituto Nacional de Saúde. Do programa de Vigilância Epidemiológica da Sida constavam os seguintes objetivos: detetar casos de Sida e para-Sida em Portugal e monitorizar a sua incidência; descrever a epidemiologia da Sida; fornecer informações aos serviços de saúde sobre a situação no país; e fornecer dados ao

Ministério da Saúde, à OMS e ao Centro Cooperativo, em França. Até 31 de dezembro de 1985 foram recebidas 26 notificações, dos hospitais Curry Cabral, Capuchos, D. Estefânia e Santa Maria, Hospitais da Universidade de Coimbra, IPO de Lisboa e do sanatório Carlos Vasconcelos Porto, de São Brás de Alportel. Das notificações recebidas, apenas 1 caso se referia ao sexo feminino e 66,6% observavam-se em HSH (CVEDT, 1986).

Figura 8: Capa do primeiro relatório do CVEDT sobre estatísticas do Síndrome de Imunodeficiência Adquirida, 1986.

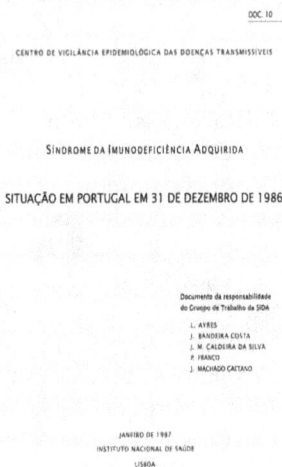

DOC. 10

CENTRO DE VIGILÂNCIA EPIDEMIOLÓGICA DAS DOENÇAS TRANSMISSÍVEIS

SÍNDROME DA IMUNODEFICIÊNCIA ADQUIRIDA

SITUAÇÃO EM PORTUGAL EM 31 DE DEZEMBRO DE 1986

Documento da responsabilidade
do Gruupo de Trabalho da SIDA

L. AYRES
J. BANDEIRA COSTA
J. M. CALDEIRA DA SILVA
F. FRANCO
J. MACHADO CAETANO

JANEIRO DE 1987
INSTITUTO NACIONAL DE SAÚDE
LISBOA

Fonte: INSA (2013)

Em 1986, foram notificados 46 casos, segundo os critérios definidos pelos CDC e pela OMS. Estes novos casos representavam o dobro das notificações em 1985. A mortalidade situava-se nos 54%. A quase totalidade dos casos referia-se ao sexo masculino e um em cada dois doentes situava-se na faixa etária dos 20 aos 40 anos. As principais patologias observadas eram as infeções oportunistas (65%) e o sarcoma de Kaposi (17%). No entanto, o CVEDT não considerava preocupante a situação na época, tendo em conta a baixa incidência, a tomada de medidas rigorosas a nível das transfusões sanguíneas, a incidência em toxicómanos muito inferior à de outros países, o facto de 37% dos casos dizerem respeito a pessoas residentes noutros países aquando da infeção, e ao facto de a população HSH ser muito menor em Portugal que nos Estados Unidos (CVEDT, 1987).

Durante o ano de 1987 foram notificados 90 casos, o dobro de casos de 1986 e o quádruplo de 1985. Dos 90 casos notificados, 45 referiam-se a HSH.

Numa análise global aos anos 1985-1987, verifica-se uma letalidade elevada (58.9%), com um predomínio causal das infeções oportunistas (72.2%) (CVEDT, 1988).

A partir de 1988, os resultados são apresentados de acordo com as normas dos CDC, referentes aos estadios da infeção. Em 1988 foram notificados 199 casos, mais uma vez o dobro do ano anterior. Destes, 50.2% diziam respeito a HSH. O número de casos em toxicodependentes (6%) continuava muito baixo em relação a outros países europeus, designadamente a Espanha (59%) e Itália (64%) (CVEDT, 1989).

Em 1989 foram notificados 152 novos casos, não se verificando a duplicação de casos de um ano para o outro registada nos anos anteriores. A letalidade, porém, regista uma tendência crescente, cifrando-se em 51.1%, contra 48.7% no ano anterior. Em 1989 registou-se uma duplicação de casos na faixa etária dos 10 aos 19 anos, bem como no grupo etário superior aos 50 anos. Dos casos registados em 1989, 45.6% diziam respeito a HSH e 10.3% a toxicodependentes (contra 6% em 1988). No final do ano de 1989 encontravam-se declarados 44 casos de infeção VIH-2, cinco em 1987, 14 em 1988 e 25 em 1989. Portugal apresentava, a 30 de julho de 1989, a 18ª taxa de incidência cumulativa entre os 32 países da Europa que declararam os seus casos ao Centro Colaborativo da OMS, de Paris – 25 casos por milhão de habitantes, em Portugal, contra 139.5 por milhão de habitantes no país mais afetado (CVEDT, 1990).

Em 1990 foram notificados 225 casos de infeção, 24 deles portadores assintomáticos. O tempo de duplicação de casos notificados passa de 12 meses, registados até finais de 1988, para 19 meses em 1990 (CVEDT, 1991).

No último trimestre de 1991 foram notificados 152 casos, uma grande parte deles (67 casos) portadores assintomáticos. De registar que, anualmente, o número de casos registados por data de diagnóstico é menor do que o número de casos notificados, devido ao atraso da notificação (CVEDT, 1992). O número total de casos acumulados de infeção VIH em qualquer dos estadios era de 804.

Em 1992 os Centros de Vigilância Epidemiológica de diversos países da Comunidade Europeia reunidos em novembro reconheceram a necessidade de acompanhar a nova definição de Sida proposta pelos CDC, que inclui três novas patologias: a tuberculose pulmonar, a pneumonia de recorrência e o carcinoma invasivo do colo do útero. No último trimestre desse ano foram notificados 273 casos. Em 31 de dezembro de 1992, o total acumulado era de 1 191, dos quais 115 pelo vírus VIH-2 (CVEDT, 1993).

A 1 de julho de 1993, seis meses depois dos Estados Unidos, entra em vigor em Portugal a nova classificação de casos de Sida, de acordo com a definição dos CDC.

No ano de 1993 foram notificados 546 casos de Sida, para um total acumulado de 1641, dos quais 146 pelo VIH-2. De acordo com o Centro de Paris, na Região Europeia (44 países), registavam-se 103 552 casos acumulados de Sida, com uma grande variabilidade de país para país, desde zero casos na Albânia e algumas repúblicas da ex-União Soviética até 18 000 casos na França, Itália e Espanha. Quanto à categoria de transmissão, a toxicodependência, que em Portugal ocupava o terceiro lugar (ao contrário de Espanha, por exemplo, onde ocupava o primeiro lugar), registava uma tendência crescente (CVEDT, 1994).

Em 1994 acentua-se a preocupação com o papel das transfusões sanguíneas na transmissão do VIH. Apesar de a pesquisa de anticorpos anti-VIH nos dadores e amostras de sangue ser obrigatória, convém não esquecer que o risco de transmissão transfusional do VIH numa amostra seronegativa não é inteiramente nulo, sobretudo em regiões onde a prevalência da infeção se mantém elevada. É que, apesar da seronegatividade, o chamado "período de silêncio imunológico", de 3 semanas a 3 meses, podendo prolongar-se até aos seis meses, pode permitir a transmissão do VIH entre o dador tecnicamente "seronegativo" (mas portador) e o paciente transfundido. O interrogatório médico que precede a dádiva de sangue é o único filtro capaz de evitar as dádivas contaminantes "seronegativas".

No ano de 1994 foram notificados 546 casos de infeção VIH. Em 31 de dezembro havia um total acumulado de 2221 casos, dos quais 175 causados pelo VIH-2 e 28 por infeção associada VIH-1 e VIH-2.

Em Portugal a principal categoria de transmissão era, então, o comportamento homossexual masculino, ocupando a toxicodependência o segundo lugar no conjunto de casos notificados e com uma tendência crescente (CVEDT, 1995).

Em 1995 foram notificados 636 casos de infeção VIH nas várias fases. O total acumulado de casos de Sida atingia 2 919, dos quais 201 causados pelo vírus VIH-2. No mesmo ano, Odette Ferreira considera a Sida como um dos maiores problemas de saúde pública em Portugal e em todo o mundo, o que impõe "uma cada vez maior consciência da necessidade de impedir os efeitos devastadores que ameaça produzir, já que a manter-se o ritmo de crescimento atual e a ausência de terapêutica e profilaxia, a Sida tornar-se-á, no fim do século, com grande probabilidade, uma das principais causas de morte" (CVEDT, 1996).

O documento da CVEDT referente a 1996, na sequência da reunião de Vancouver, em que foi apresentada a terapêutica HAART, dedica 4 páginas, da autoria de Kamal Mansinho, ao tratamento da infeção VIH, abandonando a monoterapia e defendendo uma rápida e eficaz implementação da terapêutica combinada com três fármacos, o que diminuiria a carga vírica de 100 a 1000 vezes. Em 1996 foram notificados 809 casos de infeção VIH, 503 dos quais diagnosticados nesse ano. O total de casos acumulados de Sida desde 1983 ascendia a 3 782 (CVEDT, 1997).

Em 1997 foram notificados 831 casos. Dos 552 diagnosticados no ano, a maioria eram portadores assintomáticos, o que, tratando-se de infetados sem sintomas, indicia uma preocupação acrescida na realização do teste de VIH (CVEDT, 1998). O número total de casos acumulados era de 4 701.

Em 1998 foram notificados 826 casos. Dos 580 recém-diagnosticados, a maioria continuava a ser constituída por portadores assintomáticos. Analisando os casos em 1997 e 1998, verifica-se um decréscimo acentuado do número de casos notificados referentes à transmissão homo ou bissexual, com um acréscimo relativo da transmissão heterossexual e endovenosa por consumo de drogas. O total de casos acumulados ascendia a 5 588 (4705 homens e 879 mulheres), sendo que 84.2% eram do sexo masculino e 42.8% se situavam na faixa etária dos 25 aos 34 anos. A faixa etária dos 20 aos 49 anos era responsável por 85.4% de todos os casos (CVEDT, 1999).

O documento de 1999 contém um editorial de Odette Ferreira, no qual se reporta a 7ª Conferência sobre Retrovírus e Infeções Oportunistas, realizada em São Francisco, na qual se registava um otimismo cauteloso, pois que, com os instrumentos terapêuticos disponíveis, se estava perante uma doença agora crónica e controlável, embora não curável. Na mesma Conferência discutiu-se também o número importante de casos por transmissão associada ao sexo oral.

Do ponto de vista epidemiológico, assistia-se a uma redução da morbimortalidade nos indivíduos submetidos a HAART. O número de casos notificados em 1999 ascendia a 916, com 561 diagnosticados no ano. O aumento do número de casos notificados ficou a dever-se, em grande parte, aos esforços realizados durante o ano no sentido de incentivar a notificação. A maioria dos casos notificados continuava a ser constituída por portadores assintomáticos.

O total de casos acumulados de Sida era de 6558, dos quais 287 devidos ao vírus VIH-2 e, destes 103, com infeção associada VIH-1 e VIH-2 (CVEDT, 2000).

No ano 2000 o editorial de Fernando Ventura afirma que a infeção VIH atinge proporções extremamente graves no mundo, estando Portugal em segundo lugar na Europa entre os países com mais infeções por milhão de habitantes. Uma das caraterísticas da infeção VIH em Portugal era, então, a elevada incidência de casos relacionados com a toxicodependência, atingindo valores próximos dos 50%.

No mesmo ano, o número de notificações foi de 1099, sendo de 603 o número de casos recém-diagnosticados. Proporcionalmente, para o VIH-1, aumentaram os casos de transmissão endovenosa (UDI) e diminuíram os casos de transmissão homo e bissexual. No caso do VIH-2, com 319 notificações, a transmissão foi heterossexual. O número de casos acumulados de Sida atingia 7755 (CVEDT, 2001).

Em 2001 verificaram-se 931 notificações e 616 casos recém-diagnosticados. O número de casos acumulados de Sida atingia 8710, sendo 16.3% do sexo feminino (CVEDT, 2002), para um total acumulado de infeções VIH, em qualquer dos estadios, de 18 995 casos.

Entre 1997 e 2001 verifica-se uma consolidação da tendência para o crescimento relativo dos casos de transmissão heterossexual nos portadores assintomáticos.

Em 2002 foram notificados 977 casos, e registaram-se 542 diagnósticos. O número de casos acumulados de Sida era de 9736. Em 31 de dezembro de 2002 estavam notificados 21303 casos de infeção VIH nos diferentes estadios. O maior número de casos notificados refere-se a UDI. Os portadores assintomáticos eram predominantemente jovens com idades entre os 20 e os 39 anos de idade, constituindo 76.5% de casos notificados para o respetivo grupo etário (CVEDT, 2003).

No segundo semestre de 2003, foram notificados 1399 casos, 619 corres-pondendo a casos de Sida, 120 casos de complexo relacionado com Sida (CRS) e 660 portadores assintomáticos. Dos 715 casos recém-diagnosticados, 266 eram devidos a transmissão endovenosa (UDI), 362 a transmissão heterossexual e 63 casos a transmissão entre HSH. O número total de casos acumulados era de 23 374, nos diferentes estadios. Desse total acumulado, 49.3% ocorreram em UDI, 32.6% em heterossexuais e 11,8% em HSH. No segundo semestre de 2003, a categoria de transmissão heterossexual atinge 47.0% dos casos notificados (CVEDT, 2004).

No segundo semestre de 2004, foram notificados 1323 casos de infeção VIH, dos quais 700 recém-diagnosticados. Quanto à forma de transmissão, 396 correspondiam a contactos heterossexuais, 216 a UDI e 61 a HSH. O número de casos acumulados de infeção VIH ascendia a 25 968 (CVEDT, 2005).

Em 2005 estavam notificados 28 370 casos acumulados de infeção, dos quais 12 702 eram casos de Sida, 427 eram causados pelo virus VIH-2 e 179 eram devidos a infeção associada VIH-1 e VIH-2. Os casos de Sida apresenta-vam o padrão de tendências corrente desde o ano 2000, ou seja, verificava-se um aumento proporcional do número de casos de transmissão heterossexual e uma redução proporcional dos casos de transmissão endovenosa em UDI. Os portadores assintomáticos eram predominantemente jovens, constituindo o maior número de casos notificados no grupo, sobretudo associados às categorias "toxicodependentes" (45.3% do total de PA) e heterossexuais (39.3%). A cate-goria heterossexual vem sofrendo flutuações desde 1998 até 2004, resultantes das alterações das restantes categorias de transmissão, sobretudo a tendência decrescente da transmissão em UDI.

No segundo semestre de 2005 foram notificados 1473 casos de infeção VIH, 493 na fase de Sida, 160 sintomáticos não-Sida e 820 portadores assintomáticos. Foram diagnosticados no mesmo período 683 casos, 372 heterossexuais, 206 UDI e 77 HSH. As categorias de transmissão heterossexual e HSH são as que repre-sentavam o maior número de casos portadores assintomáticos (CVEDT, 2006).

Em 2006 estavam notificados 30 366 casos acumulados de infeção VIH. O maior número de casos notificados referia-se a indivíduos UDI (45,0%), refletindo a tendência inicial da epidemia no país. O segundo grupo era cons-tituído por heterossexuais (37,5%) e os HSH representavam o terceiro grupo (11,9%), seguidos das restantes formas de transmissão (5,6%).

No segundo semestre de 2006 a categoria de transmissão heterossexual re-gistava 51,5% dos casos notificados. Neste semestre verificou-se um decréscimo acentuado dos casos notificados e diagnosticados (994 e 318, respetivamente).

A informação relativa à mortalidade nos casos de infeção VIH e Sida encontrava-se incompleta, não refletindo a sobrevida dos casos, devido a que os óbitos não são geralmente notificados e por não ser possível atualizar os registos com base na informação disponível noutras instituições do Ministério da Saúde (CVEDT, 2007).

A 31 de dezembro de 2007 encontravam-se notificados 32 491 casos acumulados de infeção VIH. No segundo semestre do ano foram notificados 887 casos de infeção, dos quais 574 diagnosticados no período. A categoria de transmissão heterossexual era a mais representada, com 57,2% dos casos (CVEDT, 2008).

Durante o ano de 2008 foram notificados 2 668 casos, nos vários estadios da infeção, dos quais 1 021 (45%) recém-diagnosticadas. Proporcionalmente, a categoria de transmissão heterossexual representava 57.6%, a categoria UDI 21.9% e a categoria HSH 16.8%. O total de casos acumulados de infeção VIH nos diferentes estadios era de 34 888, dos quais 15 020 casos de Sida (CVEDT, 2009).

Em 2009 foram notificados 2 489 casos de infeção VIH, dos quais 1 107 diagnosticados no ano (45.5%), para um total de 37 201 casos acumulados.

Continuava a verificar-se uma *décalage* entre o número de casos notificados e o número de casos diagnosticados num dado período (cerca de 50% de casos diagnosticados em relação ao número de casos notificados), o que carecia de intervenção organizativa e legal. Daí a publicação da Lei nº 81/2009, de 21 de agosto, que institui um sistema de vigilância em saúde pública.

Dos 1 107 casos diagnosticados em 2009, a categoria de transmissão heterossexual representa, proporcionalmente, 61.2% dos casos notificados, a transmissão UDI 14.8% e os HSH 19.7% (CVEDT, 2010).

Até 31 de dezembro de 2011 estavam notificados 41 035 casos de VIH nos diferentes estadios da infeção. Como elemento comum a todos os estadios, o maior número de casos notificados corresponde a provável transmissão heterossexual, num total de 42% dos casos, enquanto o consumo de drogas por via endovenosa perfazia 38.7%, alterando-se em 2010 as tendências iniciais da epidemia.

De 1 de janeiro a 31 de dezembro de 2011 entraram no Núcleo de Vigilância Laboratorial de Doenças Infeciosas, do INSA, 1 962 notificações de infeção pelo VIH nos vários estadios, dos quais 986 (50.3%) diagnosticados nesse ano. Das notificações de 2011 ressalta que a categoria de transmissão "heterossexual" representa 61.7% de todos os casos notificados (portadores assintomáticos, sintomáticos não-Sida e Sida), a transmissão associada à toxicodependência representava 9.6% e os casos homo-bissexuais perfaziam 26.2% do total.

No que toca à Sida, observou-se um padrão epidemiológico novo em relação a 2000: foram diagnosticados 303 casos, verificando-se um aumento proporcional do número de casos de transmissão heterossexual e homo/bissexual (respetivamente 63.0% e 16.5% do total de casos) e redução de casos associados à toxicodependência (17.5%). Constatava-se o elevado número de casos de infeção assintomática, associados principalmente a duas categorias de transmissão: "heterossexuais", representando 46.5% do total de portadores assintomáticos notificados, e "toxicodependentes" (35%).

Destacava-se a tendência crescente na proporção de casos associados à categoria de transmissão "homo/bissexual", correspondendo também a um aumento do número absoluto de casos diagnosticados. (INSA, 2012)

Porém, analisando os anos 2003-2010, verifica-se que o padrão da tendência temporal nos casos assintomáticos regista flutuações, resultantes do facto de a categoria de transmissão "heterossexual" apresentar valores percentuais diversos entre 2003 e 2010, em relação ao total de casos notificados em cada ano, enquanto os "toxicodependentes" confirmam a tendência decrescente. Merece especial nota a mudança das tendências epidemiológicas quanto à forma de transmissão sexual, no período 2005-2010: para a categoria de transmissão heterossexual, 58.5% em 2005, contra 59.9% em 2010; para a categoria "toxicodependente", 23.3% em 2005, contra 9.4% em 2010; e para a categoria "homossexual" 14.5% em 2005, contra 26.6% em 2010. Assim, verifica-se uma relativa estabilidade da transmissão heterossexual, uma descida muito marcada na transmissão "toxicodependente" e uma quase duplicação da transmissão homossexual (INSA, 2011).

Portugal continua a apresentar uma das mais elevadas taxas de incidência de infeção VIH no espaço da Europa Ocidental, apesar de estar a observar-se uma tendência de descida de novos casos, de 1941 casos, em 2007 para 1518 em 2010 (DGS, 2012). O relatório do INSA, de 2013, refere um total acumulado de 42 580 casos de infeção VIH, 17 373 em fase de Sida. Desse total, 73.4% [31 255] correspondem a indivíduos do sexo masculino e 26.6% [11 312] do sexo feminino. Destes 26.6% de casos femininos, 63% situavam-se nos escalões etários entre os 20 e os 39 anos. A categoria de transmissão heterossexual [43.5%] regista o maior número de casos notificados, seguidas das categorias toxicodependente [37.8%] e homo e bissexual [13.8%].

Entre 2005 e 2011 verificou-se um aumento de 31.1% no número de novos casos em HSH, valor sobreponível ao registado a nível europeu. A distribuição etária dos casos em que a idade à data do diagnóstico é conhecida situa-se entre os 20 e os 49 anos, correspondendo a 82.6% do total. A idade média à data do diagnóstico é de 36.1 anos para o total acumulado de casos notificados, mas para os diagnósticos efetuados em 2012 [1625 casos notificados, dos quais 776 diagnosticados no próprio ano] essa média sobe para 41.6 anos, indicando uma tendência para um diagnóstico cada vez mais tardio e vários anos após o início da infeção. O rácio homens/mulheres foi de 2.4:1 (INSA, 2013). Calculado a partir do total acumulado de casos, de 1983 a 2012, o rácio homens/mulheres é de 2.8:1, valor que vinha decrescendo ao longo dos últimos anos, voltando a subir em 2012 devido ao aumento de casos em homens que têm sexo com homens (INSA, 2013).

As taxas de mortalidade associadas à infeção VIH decresceram de forma constante entre 2007 e 2011, sobretudo no sexo masculino. Porém, ainda em 2011, o número de anos potenciais de vida perdidos por causas de morte, associados à infeção VIH, era considerável, ocupando esta infeção o sétimo lugar da lista das doenças que levam à perda de anos potenciais de vida (DGS, 2013).

30 anos depois dos primeiros casos, em Portugal há um total de 42 580 casos, dos quais 73.4% [31 255] correspondem a indivíduos do sexo masculino

e 26.6% [11 312] do sexo feminino. Dos casos femininos, como vimos, 63% situam-se nos escalões etários entre os 20 e os 39 anos (INSA, 2013).

A prevalência de infeção VIH na faixa etária dos 15 aos 49 anos era de 0.6 [0.4-0.7] em 2009, contra 0.5 [0.4-0.6] em 2001; em 2009, a prevalência nos jovens dos 15-24 anos era de 0.2 [0.1 – 0.4] nas raparigas e de 0.3 [0.1 – 0.9] nos rapazes (UNAIDS, 2010a). A incidência de VIH nos 3 países mais atingidos da Europa Ocidental era de 0.6% em Portugal, 0.7% na Letónia e 1.2% na Estónia (UNAIDS, 2010a). Registou-se recentemente uma ligeira melhoria, mas insuficiente para retirar Portugal dos primeiros países da Europa Ocidental com maior número de casos novos. São jovens com menos de 25 anos 31.8 % dos infetados com VIH (18.1% portadores assintomáticos + 13.7% casos sintomáticos não-Sida) e 9.3% dos casos de Sida. Além disso, no nosso país, 36% dos infetados em qualquer estadio da infeção VIH/Sida são indivíduos com idades entre os 20 e os 29 anos. A faixa etária entre os 20 e os 29 anos é a mais afetada, o que remete a fase provável de infeção para o fim da adolescência e o início da idade adulta (INSA, 2012).

Figura 9: Casos registados de VIH por ano de diagnóstico e por ano de notificação

Ano	Casos por ano de DIAGNÓSTICO	Casos por ano de NOTIFICAÇÃO*
1983	3	0
1984	6	0
1985	42	21
1986	78	40
1987	157	63
1988	260	157
1989	372	242
1990	523	374
1991	661	428
1992	942	599
1993	1 046	704
1994	1 312	986
1995	1 648	1 138
1996	2 128	1 314
1997	2 438	1 541
1998	2 647	1 752
1999	2 789	2 376
2000	2 795	3 674
2001	2 475	2 305
2002	2 393	2 462
2003	2 220	2 188
2004	2 147	2 585
2005	1 997	2 585
2006	2 046	2 142
2007	1 983	2 634
2008	1 983	2 287
2009	1 787	2 220
2010	1 605	2 316
2011	1 321	1 822
2012	776	1 625
Não referido	0	0
TOTAL	42 580	42 580

Fonte: INSA (2013)

Figura 10: Casos de infeção VIH (1990-2012). Distribuição por sexo segundo ano de diagnóstico e respetivo rácio H/M

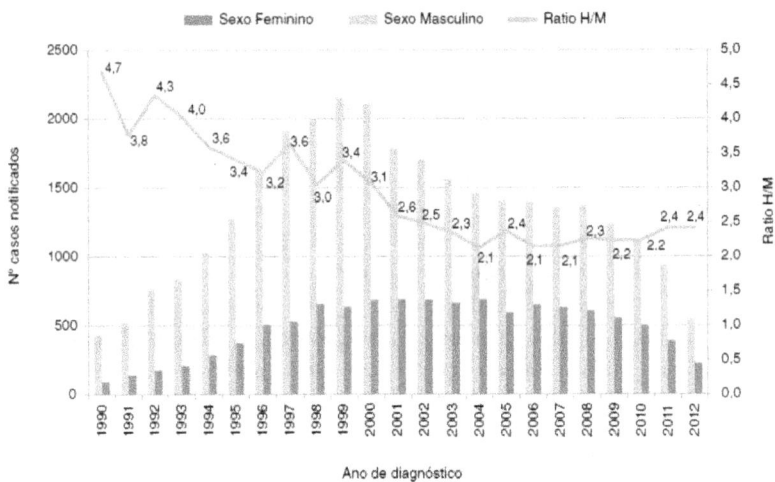

Fonte: INSA (2013)

5. A EVOLUÇÃO DOS COMPORTAMENTOS SEXUAIS NOS ÚLTIMOS 30 ANOS E O VIH/SIDA

"Pequenas coisas podem ter grandes efeitos, quando um pequeno número de pessoas começa a comportar-se de maneira diferente, e esse comportamento novo se propaga até atingir uma massa crítica ou tipping point, fazendo mudar o mundo" (Gladwell, 2000)

Com o advento da Sida, o comportamento sexual, até aí território dos sexólogos, passou a interessar sociólogos, antropólogos e especialistas de saúde pública (Marston & King, 2006). Entrançado na cultura, que conforma a sexualidade humana, o combate à disseminação do VIH e à Sida exige conhecimentos, imaginação e esforços que vão além das possibilidades de visão de sexólogos e profissionais de saúde.

Trinta anos após o início oficial da epidemia, quando seria de esperar, face ao que se conhece do modo de transmissão da doença, uma forte contenção e um aumento das precauções nos contactos sexuais, o que se verifica é que, apesar dos sucessivos avisos, apelos e campanhas, vamos assistindo ao abaixamento da idade de início da atividade sexual, mais notório nas mulheres, e ao aumento acentuado do número de parceiros sexuais ao longo da vida [12]. É certo que há um uso mais generalizado do preservativo, mas a verdade é que ele só por si continua a ser insuficiente [13], [14], tendo em conta o aumento do número de relações sexuais e do número de parceiros, a exposição a situações

---

[12] "*O início da vida sexual globalmente mais precoce permite supor uma intensificação e diversificação da experiência sexual que é corroborada pela tendência para o aumento do número de parceiros, do alargamento dos repertórios sexuais e da aceitação crescente da diversidade sexual, que refletem a maior centralidade da sexualidade na vida dos indivíduos*" (Ferreira et al., 2010, p. 463).

[13] "*A adesão ao sexo seguro não é, nunca foi, total. Mesmo quando estão bem informados, os indivíduos nem sempre seguem uma lógica preventiva, revelando dificuldade em manter comportamentos sexuais de prevenção a longo prazo*" (Ferreira et al., 2010, p. 463).

[14] "*O número de jovens que hoje utilizam o preservativo nas relações sexuais é bastante elevado, representando uma mudança civilizacional relativamente ao período pré-Sida. Em termos gerais, cerca de 50% dos jovens usam o preservativo ao longo da vida, chegando a 90% no caso da primeira relação sexual, nos rapazes, e a 60% na última relação sexual, também nos rapazes. Mas,*

e contextos que diminuem a probabilidade do seu uso, e os comportamentos do tipo "roleta russa", como o *barebacking* em certos ambientes homossexuais masculinos. Tudo isto ocorre na ausência de noção de risco ou no desprezo por ele, que advém do alongamento dos diversos estadios da doença pela introdução da medicação antirretrovírica. A grande questão é que a maioria dos infetados por VIH tem menos de 30 anos de idade, pertencendo pois a uma geração que nunca conheceu uma época sem tratamento antirretrovírico eficaz e que, por isso, talvez não possa compreender em toda a sua extensão a ameaça que o VIH representa para a saúde (Frieden, 2011a).

Por outro lado, há que reconhecer a fraqueza das mensagens preventivas, enredadas num discurso eufemístico, ambíguo e complacente, que não fornece uma imagem real da dimensão e da gravidade do problema em termos de mor-bilidade, mortalidade, incapacidade e recursos materiais, humanos e financeiros envolvidos. Finalmente, a ideia de que o tratamento antirretrovírico precoce pode vir a constituir uma estratégia de prevenção de primeira linha favorece a ideia de que a modificação dos comportamentos já não é tão prioritária. Porém, todas as declarações mais recentes da UNAIDS e dos CDC vão no sentido de que a modificação dos comportamentos continua a ser uma estratégia fundamental [15]. Há muitos desafios na programação de mudanças comporta-mentais que reduzam a transmissão sexual do VIH, desde a comunicação de mensagens consistentes, claras e simples, até fazer reconhecer a complexidade da epidemia VIH ante a diversidade de contextos sociais e comportamentais que fazem as experiências femininas diversas das masculinas e as dos jovens diferentes das dos adultos. É necessário sangue novo e inovação que revitalize ideias e respostas ao vírus (Gardner et al., 2011).

A crise financeira entretanto surgida na Europa tem-se revelado uma ameaça à saúde, pela repercussão das medidas de austeridade nos sistemas de saúde, com aumento das taxas de suicídio, redução das mortes por acidentes rodoviários e novos surtos de VIH, sobretudo em países como a Grécia, a Espanha e Portugal (Karanikolos et al., 2013).

apesar disso, esses números permanecem abaixo do desejável para um eficaz controlo da epidemia" (Cunha-Oliveira, 2009).

[15] Um cenário ideal, em que fosse possível obter *"um diagnóstico de 90% das infeções VIH, 90% de manutenção do vínculo ao tratamento, o tratamento de 90% dos envolvidos nos tratamentos e a supressão da virémia em 90% dos indivíduos tratados, poderia conduzir a uma considerável melhoria na proporção de indivíduos infetados por VIH nos Estados Unidos com uma carga viral indetetável. Porém, mesmo nesse cenário ideal, cerca de 34% dos infetados por VIH permaneceriam virémicos, com potencial para infetar os outros"* (UNAIDS, 2007).

6. Os caminhos da prevenção e do tratamento

No início da epidemia era reconhecido que o VIH se transmite sexualmente, pelo que os primeiros programas de prevenção do VIH procuravam promover a mudança dos comportamentos sexuais. Definiu-se, então, a chamada abordagem ABC, adotada por inúmeras organizações governamentais e não-governamentais. Antes de estabelecido o termo "ABC", os programas e materiais continham informação sobre como a abstinência, a fidelidade e o uso do preservativo podiam prevenir a transmissão sexual do VIH.

De entre esses programas e materiais, destacamos:

- O AIDSCOM - AIDS Public Health Communication Project (1987-1993): USAID (U.S. Agency for International Development) publicou um programa que promovia a abstinência, a fidelidade e o uso do preservativo, de acordo com o grupo alvo (AIDSCOM, s/d).
- No Botswana (1990): um cartaz de campanha de consciencialização, contendo uma mensagem do tipo ABC.
- No Senegal (1991): o poster "tenha um parceiro só, mas se tiver mais que um assegure-se de usar preservativos corretamente e de eliminá-los após utilização".
- O GPA – Global Program on AIDS (1992) promovia o adiamento das primeiras relações sexuais, a fidelidade conjugal e o uso do preservativo, mas sem mencionar especificamente o ABC.

Em 1992, o então secretário da Saúde filipino, Juan Flavier, reuniu no slogan "ABC" a abstinência, a fidelidade conjugal e o uso do preservativo, dizendo: "abstenha-se de sexo; seja fiel, se não se abstiver; use o preservativo, se não for fiel".

A Igreja católica não acolheu com bons olhos a abordagem ABC, por temer que a promoção do preservativo incitasse à promiscuidade sexual. Evitando os argumentos centrados na moral, Flavier citava evidências científicas e começou a promover o ABC nas Filipinas e no exterior, em conferências internacionais (AVERT, 2013).

Em 2003, nos Estados Unidos, o PEPFAR (Plano de Emergência Presidencial para Assistência à Sida) adotou o método ABC como estratégia fundamental contra a transmissão sexual do VIH, destacando:

- A abstinência nos jovens (retardar a iniciação sexual e promover a abstinência até ao casamento);
- Fazer o teste de VIH, ser fiel no casamento ou ter relações monogâmicas;
- O uso correto e consistente do preservativo para quem tenha comportamentos de alto risco (PEPFAR, s/d)

Ante as críticas à abordagem PEPFAR, muito centrada na abstinência e considerando o uso do preservativo apenas para os comportamentos de alto risco, o PEPFAR contrapunha que essa abordagem tinha funcionado bem no Uganda, nos anos 90. Estranhamente, no entanto, já o próprio Uganda tinha adotado uma abordagem mais abrangente, dando peso igual às três componentes do ABC. Entretanto, em África, alguns países que tinham promovido também a abordagem ABC como parte nuclear da sua estratégia nacional para o VIH e a Sida expressavam dúvidas a respeito da sua eficácia. Em meados de 2000, muitos países africanos relatavam experiências variáveis com a prevenção ABC. Nesses países, onde a maior parte das novas infeções eram transmitidas entre heterossexuais, a abordagem ABC foi posta de parte em favor de abordagens de prevenção mais abrangentes (Washington Post, 2006; Center for American Progress,2006; UNAIDS, 2008)

Embora o ABC possa constituir uma estratégia viável de prevenção, os críticos do uso do ABC pelo PEPFAR diziam que este Programa presidencial americano estava demasiado orientado por uma ideologia religiosa e conservadora (UNAIDS, 2005).

Assim, em meados de 2000 tornou-se evidente que para a prevenção do VIH era necessário mais do que a mera abordagem ABC, devendo tomar em linha de conta fatores sociais e económicos.

Apesar dos avanços no acesso à prevenção, tratamento, cuidados de saúde e serviços de apoio, é cada vez mais claro o papel dos comportamentos na difusão do VIH. As grandes diferenças locais e regionais na intensidade e dimensão da epidemia alertam para os fatores sociais e culturais que modelam o impacto do VIH nos indivíduos e comunidades. Mais do que nunca, a capacidade de lidar com a crescente demanda de tratamentos e cuidados relacionados com o VIH depende de se promover uma decidida e continuada adoção de comportamentos preventivos (UNAIDS, 2007a). Urge saber como é que as intervenções preventivas de mudança de comportamentos podem parar a expansão do VIH. O acumular de estudos de controlo randomizados que questionam a sua eficácia a médio e a longo prazo, bem como a estabilidade de estados endémicos à luz da maior parte dos dados epidemiológicos, têm criado algum ceticismo sobre a possibilidade de prevenir infeções apenas através de mudanças comportamentais. A esta insuficiência das campanhas de prevenção juntam-se as projeções otimistas sobre o impacto da circuncisão masculina, da profilaxia pré-exposição e dos recentes dados sugestivos de que o início imediato de terapêutica antirretrovírica pode ser a melhor forma de reduzir a transmissão. Mas para o VIH ser eliminado, e não apenas reduzido, as intervenções têm sempre que ser reforçadas com modificações substanciais dos comportamentos (UNAIDS, 2007a) – o que não é tarefa fácil, por exigir uma atenção contínua às múltiplas necessidades do indivíduo e às caraterísticas do meio físico, cultural e social que o põem em risco. Há que centrar os esforços de prevenção nas fontes de novas infeções em contextos epidémicos diferentes, na necessidade de apoiar e incentivar as pessoas a compreender e minimizar os riscos de infeção adotando comportamentos preventivos e, por fim, no envolvimento das comunidades e do capital social disponível no sentido de agir contra o estigma e apoiar uma mudança sustentada (UNAIDS, 2007a).

As medidas de prevenção centradas no conhecimento e nas escolhas individuais são insuficientes. Há que complementá-las por um movimento social que leve as pessoas a conhecer a sua situação em termos de VIH e a responsabilizar-se pela mudança de comportamentos. Para que as estratégias sejam mais eficazes é necessário ter em conta os novos dados científicos, que apontam a concorrência de parceiros sexuais como um potente veículo de transmissão sexual que não gera a correspondente noção de risco. O estudo das redes sexuais, como o de Martina Morris, tem mostrado que ligeiras diferenças no número médio de parceiros sexuais numa comunidade podem ter um efeito dramático na transmissão do VIH. Uma alta prevalência de parcerias sexuais concorrentes pode permitir, até na ausência relativa de indivíduos com muitos contactos sexuais (ex. trabalhadores de sexo e seus clientes assíduos), uma rápida transmissão pessoa a pessoa, sem que elas se apercebam de estar em níveis elevados de risco. Assim, em epidemias generalizadas a redução da incidência pode exigir uma mudança das perceções individuais e das normas sociais – aumentando a perceção de risco e a indesejabilidade social da multiplicidade de parceiros sexuais, que hoje é considerada normal (UNAIDS. 2007b).

A polémica em redor da prevenção pela mudança de comportamentos tem feito esquecer os dados da vigilância de rotina do VIH, fundamentais para saber se as mudanças de comportamentos podem ou não afetar a evolução das grandes epidemias generalizadas maduras. Na verdade, foi a vigilância epidemiológica de rotina que primeiro detetou o êxito das campanhas *"zero-grazing"* [16] no Uganda e "preservativo 100%" na Tailândia e, mais recentemente, as dramáticas reduções da incidência no Zimbabué. Mas estas análises não são simples. Primeiro, quando uma epidemia matura, a prevalência pode declinar mesmo que as pessoas não modifiquem o comportamento. As "dinâmicas epidemiológicas naturais" confundem os testes estatísticos, já que um declínio significativo na prevalência não indica necessariamente que tenham sido as alterações comportamentais que reduziram a difusão da infeção; segundo, a relação não linear entre comportamento sexual de risco e propagação do VIH significa que as alterações dos indicadores de comportamento sexual,

---

[16] *Zero-grazing* pode traduzir-se por *"limpeza total"*, *"erradicação total"*.

ainda que substanciais, podem não ser epidemiologicamente relevantes: por exemplo, se estiverem sob pressão de altos graus de risco de outra natureza, se não reduzirem o nível de risco abaixo de determinado patamar ou se se confinarem a partes da população em diminuto risco de contraírem infeção transmissível (Bello et al., op. cit., p. 296); e, finalmente, o êxito aparente de uma campanha pode dever-se, apenas, ao facto de uma população estar sobrecarregada de exemplos próximos e dolorosos de mortes sucessivas, que inspiram medo e retração – como pode ter sido o caso no Zimbabué (Halperin et al., 2011, p. 3).

7. Organização da luta contra o VIH/Sida em Portugal

Desde a década de 80, Portugal acompanha os restantes países ocidentais no combate à Sida. A participação portuguesa no sistema europeu de vigilância decorre desde 1985, possibilitando a comparação da evolução da epidemia nos diversos países do espaço europeu (CVEDT, 2007). Em 1985, o Ministério da Saúde criou o Grupo de Trabalho da SIDA [17], com o objetivo de recolher informação sobre novos casos de infeção, confirmar ou refutar os diagnósticos até aí estabelecidos e implementar estratégias nacionais de prevenção. Esse Grupo de Trabalho incluía representantes da Direção-Geral dos Cuidados de Saúde Primários, da Direção-Geral dos Hospitais, do Instituto Nacional do Sangue, do Centro de Histocompatibilidade do Sul e do Instituto Nacional de Saúde Dr. Ricardo Jorge, cabendo a este último, na pessoa de Laura Ayres, a coordenação do Grupo. Deste grupo de trabalho saíram, em 1986, as primeiras medidas de prevenção nos centros de hemodiálise, com pesquisa obrigatória de VIH-1 nos hemodadores e, em 1989, também de VIH-2. Porém, o avanço da epidemia ditaria a necessidade de reformular o Grupo de Trabalho, criando-se, em 1989, a Comissão Nacional de Luta Contra a SIDA [18] (CNLCS), incumbida de implementar as ações nas vertentes preventiva, educativa, assistencial, de investigação, aconselhamento e acompanhamento. Por morte de Laura Ayres, em janeiro de 1992, sucede-lhe no cargo Machado Caetano, que, ainda no mesmo ano, seria substituído por Odette Ferreira.

No mandato de Odette Ferreira teve início o programa de troca de seringas, intitulado "Diz não a uma seringa em segunda mão", destinado a diminuir o risco de transmissão do VIH e de outras doenças transmissíveis em usuários de drogas injetáveis (UDI). Este Programa, iniciado em 1993 em parceria do Ministério da Saúde com a Associação Nacional de Farmácias, era assegurado em um terço pelas farmácias e em dois terços por organismos governamentais e ONG. Segundo esse protocolo, financiado pelo Estado, as farmácias distribuíam gratuitamente um *kit* de duas seringas e agulhas esterilizadas, dois toalhetes antisséticos, um preservativo, dois filtros, duas ampolas de água

---

[17] Aviso, Secretaria-Geral do Ministério da Saúde, de 19 de outubro, D.R. nº 241, II Série, de 19 de outubro de 1985.

[18] Despacho nº 5/90, do Ministério da Saúde, D.R., nº 78, II Série, de 3 de abril de 1990.

destilada, dois recipientes para a preparação da droga e duas saquetas de ácido cítrico. A partir de 2013, a parte que cabia às farmácias passou a ser assegurada pelos Centros de Saúde, sob orientação dos departamentos de Saúde Pública. Entre 1993 e 2008 o Programa permitiu a distribuição gratuita de mais de 43 milhões de seringas (Torre, Lucas, & Barros, 2010, p. 514).

Portugal acompanha os países em que é garantida a comparticipação a 100% da medicação antirretrovírica. Em 1992 os doentes com Sida e os seropositivos são isentos do pagamento de taxas moderadoras (CVEDT, 2012, p. 54). Em 1996, são publicadas as regras relativas aos medicamentos antirretrovíricos, quanto à sua prescrição, utilização e gratuitidade. A despesa nacional portuguesa com medicamentos antirretrovíricos vem aumentando, de 75 milhões de euros/ano em 2001, para quase 150 milhões de euros em 2007 (CPLP/ UNAIDS, 2010, p. 106).

Convém referir que a dispensa gratuita de medicamentos para a Sida tem causado uma despesa colossal, que em 2012 representou 213 milhões de euros. Comparativamente, a despesa com medicamentos gratuitos para o cancro representou uma despesa de 180 milhões de euros.

Em julho de 1993 é aprovado o Plano Nacional de Luta Contra a SIDA, que orientaria a ação da Comissão até ao ano 2000. Em 1997, passa a afetar-se às ações da CNLCS 25% da receita líquida do "joker", jogo de apostas da Santa Casa da Misericórdia de Lisboa.

O Centro de Rastreio Anónimo da Infeção VIH abriu ao público no dia 14 de janeiro de 1998, no Centro de Saúde da Lapa, em Lisboa (*InformaçãoSIDA*, 1999, p. 22). Em 1998 são nomeadas Comissões Distritais de Luta Contra a Sida, como forma de regionalizar as estratégias nacionais de combate ao VIH/Sida [19].

Entretanto, na área académica, é criado na Universidade de Coimbra, em 1999, o grau de mestre em *Síndrome de Imunodeficiência Adquirida: da prevenção à terapêutica*.

Em maio de 2000 a CNLCS sofre uma reestruturação orgânica e financeira, sendo nomeado seu coordenador Fernando Ventura. A CNLCS adquire a natureza de Estrutura de Projeto [20]. Surge o Plano Estratégico de Luta Contra a Infeção pelo VIH/SIDA 2001-2003, que apostava na criação de uma rede interdistrital de Centros de Aconselhamento e Deteção (CAD), postos em ação logo em 2002 como estruturas de apoio à prevenção. Atualmente, existem 23 CAD ao nível nacional. Em agosto de 2003, a CNLCS é reestruturada orgânica e funcionalmente, adquirindo o estatuto de Unidade de Missão [21].

---

[19] Despacho Conjunto nº 686/98, dos Ministérios da Educação, da Saúde, do Trabalho e Solidariedade e do secretário de Estado da Juventude, DR nº 232, Série II, de 8 de Outubro.

[20] Resolução nº 173/2000, de 21 de dezembro, D.R. nº 293, Série I-B, de 21 de dezembro de 2000.

[21] Resolução nº 121/2003, de 20 de agosto, D. R., nº 191, Série I-B, de 20 de agosto de 2003.

Meliço Silvestre é nomeado Encarregado de Missão e concebe e dirige o Plano Nacional de Luta Contra Sida para o triénio 2004-2006, *Diferentes, SIM! Indiferentes, NUNCA!*" (CNLCS, 2005), que incluía 10 metas.

A partir de dezembro de 2001 Portugal passa a reconhecer aos cidadãos estrangeiros residentes legalmente no país o acesso, em igualdade de tratamento com os beneficiários do Serviço Nacional de Saúde, aos cuidados de saúde e assistência medicamentosa.

Em 16 de março de 2005 a infeção VIH/Sida passa a doença de declaração obrigatória [22], devendo todos os casos ser notificados "aquando do diagnóstico, em qualquer estadio da infeção por VIH, seja portador assintomático (PA), complexo relacionado com a Sida (CRS-LGP) e Sida, e sempre que se verifique mudança de estadiamento ou óbito" (Portaria nº 258/2005, DR, 2ª Série, de 16 de março, do Ministério da Saúde).

Em 2005 foi constituída, sob os auspícios da CNLCS, a Plataforma Laboral contra a SIDA, com o objetivo de priorizar a infeção VIH como uma questão laboral, mediante a criação de uma rede de intervenientes de referência do setor, a fim de, em conjunto, serem elaboradas políticas de empresa e diretrizes sobre VIH/Sida para o local de trabalho. Um dos projetos desenvolvidos pela Plataforma Laboral contra a SIDA foi o Código de Conduta "Empresas e VIH", destinado a obter o compromisso das empresas no sentido de garantirem condições de trabalho dignas a pessoas que vivem com a infeção pelo VIH, nas suas três vertentes: não discriminação, prevenção e acesso ao tratamento.

O Plano Nacional de Saúde 2004-2010 entendia a Sida como um dos problemas prioritários nacionais, pelo que, em agosto do mesmo ano, é extinta a CNLCS e, sob a designação de Coordenação Nacional para a Infeção VIH/Sida (CNsida), é integrada no Alto Comissariado da Saúde [23], sendo nomeado coordenador Henrique de Barros. O objetivo da reestruturação foi implementar um modelo organizativo que permitisse uma gestão eficiente de programas, uma melhor integração vertical das instituições envolvidas e uma eficaz articulação horizontal com outros agentes e setores. Daí surgiu o Programa Nacional de Prevenção e Controlo da Infeção VIH/Sida 2007-2010, *"um compromisso com o futuro"*, cujas metas eram reduzir a expressão da epidemia no País e contribuir para diminuir a dimensão mundial da epidemia. Da primeira meta constava o objetivo de reduzir em 25% a incidência e a mortalidade da Sida; da segunda, a nível internacional, o objetivo de contribuir para a redução da transmissão do VIH e melhorar os cuidados e o apoio aos doentes infetados ou com Sida, através da ajuda pública ao desenvolvimento. Em 2007 dá-se início ao Plano de Ação Nacional de Combate à Propagação de Doenças Infeciosas em Meio Prisional, com particular incidência em dois estabelecimentos prisionais (Lisboa

---

[22] Portaria 258/2005, DR, 2ª Série, de 16 de março.

[23] Decreto Regulamentar nº 7/2005, de 10 de agosto, D. R., nº 153, Série I-B, de 10 de agosto de 2005.

e Paços de Ferreira), onde se iniciou um programa de troca de seringas para reclusos usuários de drogas injetáveis.

No mesmo ano, com a Presidência Portuguesa do Conselho da União Europeia (1 de julho-31 de dezembro), realiza-se em Lisboa, de 12 a 13 de outubro, a Reunião dos Coordenadores dos Programas Nacionais VIH/Sida dos Países da UE, da Região OMS-EURO e Países Vizinhos, Área política: Emprego, Política social, Saúde e Consumidores.

Em 2007 é criado o Conselho Nacional para a Infeção VIH/Sida [24], estrutura consultiva destinada a melhorar a cooperação entre governo, autoridades públicas, serviços de saúde e organizações não-governamentais locais (ONG) que trabalhem no domínio do VIH/Sida.

Em 2009, dando cumprimento à Resolução do Parlamento Europeu, de 24 de abril de 2007, e em consonância com o Programa Nacional de Prevenção e Controlo da Infeção VIH/Sida, é criado o Fórum Nacional da Sociedade Civil para o VIH/Sida, estrutura de cariz consultivo, composta pelas seguintes organizações da sociedade civil votadas à prevenção e controle da infeção VIH/Sida: AIDS Portugal; Associação dos Jovens Promotores Amadora Saudável; Associação para o Planeamento da Família; Associação Passo a Passo; Associação Seres; Associação SOL; Associação Meio Caminho; Associação Cidadãos do Mundo; Fundação da Juventude; Fundação Portuguesa a Comunidade Contra a Sida; Grupo de Apoio e Desafio à SIDA; Grupo Português de Ativistas sobre Tratamento VIH/Sida (GAT); ILGA Portugal; Liga Portuguesa Contra a Sida; Liga Portuguesa Profilaxia Social; e Movimento de Apoio à SIDA, Positivo – Grupos de Apoio e Auto-ajuda (Despacho nº 22811/2009, da ministra da Saúde, DR. 2ª série, nº 200, de 15 de outubro de 2009).

O resultado oficial do Programa Nacional de Prevenção e Controlo da Infeção VIH/Sida 2007-2010 saldou-se por uma redução da mortalidade de apenas 10% entre 2006 e 2010, mas com uma redução de 34.4 % de novos casos de Sida no mesmo período (474 novos diagnósticos em 2010, contra 721 em 2006).

Em Portugal, o consumo de drogas injetáveis tem sido o principal responsável pela transmissão de infeções de origem sanguínea, mas a proporção de casos relatados de Sida atribuíveis ao uso de drogas injetáveis diminuiu de 49% em 2002 para 27% em 2008. E se bem que a promoção de práticas de injeção segura seja uma componente chave da prevenção, é preciso ter em conta também que os padrões de consumo de drogas injetáveis em Portugal manifestam uma tendência de declínio. Mas, por seu turno, o Programa português de Trocas de Seringas também registou um declínio consistente da participação das farmácias, que era de 82.1% em 1999 e passou a 57.9% em 2007 (Torre, Lucas & Barros, 2010, p. 514- 515), até cessar por completo em janeiro de 2013, sendo direcionado para os Centros de Saúde do Serviço Nacional de Saúde, sob orientação dos departamentos de saúde pública.

---

[24] Despacho nº 27504/2007, do ministro da Saúde, DR nº 236, Série II de 1007, de 7 de dezembro.

Em 2012, o XIX Governo Constitucional manteve como prioritário o Programa Nacional para a infeção VIH/Sida, agora integrado na Direção-Geral da Saúde, sob a coordenação do Dr. António Coelho Diniz [25]. O Programa Nacional de Prevenção e Controlo da Infeção VIH/SIDA 2012-2016 tinha por objetivo reduzir em 25% a incidência e em 50% a mortalidade por VIH até 2016. Este Programa "assume uma visão coincidente com a da ONUSIDA, na qual se marca um caminho que prevê: zero novas infeções e zero mortes relacionadas com a Sida, bem como zero casos de discriminação" (DGS, 2012, p. 4). Para se aproximar desse desiderato, projetava reduzir em 50% o número de anos de vida potencialmente perdidos e passar de 6.2/ 100 000 para 4.2 /100 000 a taxa de mortalidade por Sida em idades inferiores a 65 anos (Plano Nacional de Saúde 2012-2016, Ministério da Saúde, 2012).

Em 2012, integradas no Programa Nacional para a Infeção VIH/Sida, são publicadas as "Recomendações Portuguesas para o tratamento da Infeção VIH-1 e VIH-2", que assentavam em três princípios fundamentais de atuação clínica:

- a universalidade: disponibilização de terapêutica antirretrovírica a todos os portadores de infeção VIH elegíveis para tratamento;
- a equidade: uniformidade de tratamento a nível nacional. Doentes em situação clínica idêntica devem ter acesso ao mesmo regime terapêutico; não excluir das opções terapêuticas nenhum fármaco antirretrovírico, exceto por razões exclusivamente clínicas;
- e a qualidade: utilização dos regimes terapêuticos considerados mais adequados face à evidência científica disponível (DGS, 2012).

[25] Despacho nº 3/2012, do secretário de Estado Adjunto do Ministro da Saúde.

8. Educação para a saúde no contexto da epidemia VIH/Sida

Em 1996, os ministérios da Saúde e da Educação juntam esforços, através da CNLCS e do Programa de Promoção e Educação para a Saúde, com vista ao desenvolvimento, estímulo e apoio de ações de educação para a prevenção da infeção VIH/Sida junto dos conselhos diretivos, professores, pessoal não docente, alunos e encarregados de educação.

Em 2002, é implementado o Programa ADIS/SIDA, de financiamento de Projetos e Ações no âmbito da formação, apoio social e prevenção da infeção VIH desenvolvidos por organizações da sociedade civil.

Em 2007, estabelece-se que cada agrupamento de escolas com programas ou projetos na área da educação para a saúde deverá designar um professor do 2º ou do 3º ciclo do ensino básico encarregado de coordenar a educação para a saúde.

Em 2008, tendo em conta que, comparativamente aos restantes Estados Europeus, Portugal apresenta índices de saúde pública preocupantes nas áreas do alcoolismo, consumo de substâncias ilícitas, IST (incluindo o VIH/Sida) e gravidez inoportuna, foi criado o Programa CUIDA-TE, a gerir pelo IPJ – Instituto Português da Juventude –, destinado a fomentar mecanismos de apoio ao bem-estar integral dos jovens dos 12 aos 25 anos, "através de ações de sensibilização e aconselhamento, nomeadamente nas áreas da saúde, condutas de risco, atividade física, desporto e ambiente". Este Projeto, entre outras medidas, previa a disponibilização de unidades móveis devidamente apetrechadas, que se deslocassem às escolas, a lugares de diversão diurna e noturna, mostras, feiras, festivais, praias e a outros locais em que se verifique a presença de jovens em número significativo. Essas unidades móveis teriam por função atender e encaminhar os jovens para entidades públicas ou privadas aptas a solucionar os problemas encontrados. Tinham também por função efetuar testes de VIH a pedido dos jovens interessados.

Este Programa não correu bem, devido a problemas de coordenação entre os vários organismos envolvidos e a uma polémica desencadeada em torno dos testes de VIH em jovens.

Em 2009, o Conselho Nacional de Educação emitiu um parecer sobre os "projetos de lei relativos ao regime de aplicação da educação sexual nas escolas". No mesmo ano, são consagradas na legislação portuguesa as bases gerais da educação sexual em meio escolar, que já era obrigatória desde o ano 2000, estabelecendo que ela deve ser desenvolvida em parceria entre a escola e a família e respeitar o pluralismo das conceções existentes na sociedade portuguesa, devendo a educação para a saúde e a educação sexual ser apoiadas ao nível local pela unidade de saúde pública competente, no âmbito da atividade de saúde. Um dos objetivos reconhecidos da educação sexual em meio escolar é "a redução de consequências negativas dos comportamentos sexuais de risco, tais como a gravidez não desejada e as infeções sexualmente transmissíveis" (Lei nº 60/ 2009, de 6 de agosto). De acordo com a lei, as escolas devem disponibilizar aos alunos um gabinete de informação e apoio no âmbito da educação para a saúde e educação sexual e o atendimento e funcionamento do gabinete terão de ser assegurados por profissionais com formação nas áreas da educação para a saúde e educação sexual.

9. ONG e IPSS portuguesas dedicadas à problemática do VIH e da Sida

De entre as ONG e IPSS portuguesas que operam no âmbito do VIH/Sida, destacamos:

9.1. Liga Portuguesa Contra a SIDA

Foi fundada em outubro de 1990. Tem como objetivos apoiar as pessoas afetadas pela Sida e chamar a atenção da sociedade para a gravidade da epidemia. Em 1993 a Liga aderiu ao projeto de criação da Federação Europeia de *Helplines* na área da Sida, que valoriza a partilha de experiências. No mesmo ano, organiza o 1º Congresso Nacional de Sida e passa a integrar a Plataforma de Entendimento das ONG para a elaboração da Carta de Direitos e Deveres dos Portadores de VIH.

Em junho de 1999 pôs em funcionamento a Linha "SOS Sida", serviço de atendimento, informação e aconselhamento telefónico gratuito e de âmbito nacional.

9.2. Associação "Abraço – Associação de Apoio a Pessoas com VIH/SIDA"

Foi fundada em junho de 1992, dando continuidade ao trabalho de um pequeno número de voluntários que, desde dezembro de 1991, prestava apoio psicológico, social e material a seropositivos internados na Unidade de Doenças Infeciosas e Parasitárias do Hospital Egas Moniz. Tem uma ação de âmbito nacional, organizada em núcleos e delegações regionais. Tem por objetivos principais: o apoio a pessoas afetadas pelo VIH/Sida; a prevenção da infeção centrada na população em geral, mas sobretudo nos jovens, usuários de drogas injetáveis, trabalhadores de sexo, mulheres, homens que têm sexo com homens, transexuais e população prisional; e a luta contra a discriminação e defesa dos direitos das pessoas infetadas.

9.3. Associação "Positivo"

Entre 1990 e 1992, um grupo de pessoas afetadas pelo VIH começa a reunir--se na "Associação de Apoio a Doentes com SIDA", fundada por Frei Elias.

Em março de 1993, o grupo apresenta-se pela primeira vez como associação, fundando a "Positivo Grupos de Apoio e Auto-ajuda". Em 1994 é convidada a elaborar, juntamente com outras ONG europeias, o Manual de Auto-ajuda para Pessoas com VIH/Sida, que seria apresentado publicamente, em Lisboa, em 1995. Ainda em 1994, a convite das Nações Unidas, participa na Conferência de Saúde Sobre Sida, na qualidade de representante das pessoas seropositivas.

É uma Associação de pessoas seropositivas que trabalham para pessoas seropositivas, privilegiando o envolvimento destas nas políticas nacionais e internacionais.

Em 2004, a Positivo lançou o programa *Red Light*, dirigido a trabalhadores de sexo.

9.4. Fundação Portuguesa "A Comunidade Contra a Sida"

Fundada em dezembro de 1994 por iniciativa do Professor Machado Caetano, é uma IPSS/ONG voltada para o apoio a infetados e afetados pelo VIH/Sida e seus familiares, desenvolvendo ações e projetos orientados para a prevenção primária da Sida e outras IST, através da informação e da educação; a reintegração socioprofissional de seropositivos e doentes com Sida; a cooperação com as autarquias, aproveitando as suas capacidades de intervenção nas áreas social, de educação e saúde. Na sequência de um projeto de voluntariado, em 2001 criou o CAOJ – Centro de Aconselhamento e Orientação de Jovens –, o qual, por sua vez, desenvolveu o Projeto Nacional de Educação pelos Pares, em parceria com o ministério da Educação.

Em 12 de dezembro de 2012, em parceria com os Correios, levou a cabo o lançamento da emissão de um postal e carimbo dos CTT alusivo à prevenção do VIH/Sida.

9.5. Associação de Apoio às Crianças com VIH/SIDA – "Sol"

Fundada em 17 de dezembro de 1992 sob a forma de IPSS, está vocacionada para o apoio às crianças infetadas e afetadas pelo VIH, e presta apoio médico, psicossocial, hospitalar e domiciliário. Visa igualmente a integração familiar, social e escolar das crianças infetadas e afetadas. Em 5 de outubro de 2000 foi distinguida pela UNESCO como organização-piloto na Europa.

9.6. Grupo Português de Ativistas sobre o Tratamento de VIH/SIDA – "GAT"

É uma IPSS fundada em 2001, que tem por objetivos desenvolver as capacidades das pessoas infetadas ou afetadas pelo VIH por forma a influir significativamente no desenvolvimento de tratamentos para o VIH e testes de diagnóstico que previnam, tratem a infeção ou melhorem a qualidade de vida das pessoas que vivem com VIH; fomentar as melhores práticas de cuidados de saúde e tratamentos para todos; impulsionar o rápido acesso aos tratamentos; promover a disponibilidade de informação correta sobre os tratamentos às pessoas que vivem com VIH, aos prestadores de cuidados de saúde e decisores das políticas nesta área; defender mudanças nas legislações de patentes que promovam a disponibilidade de tratamentos para o VIH com custos mais baixos; advogar mudanças legais e politicas que afetem a saúde, os direitos e a qualidade de vida das pessoas que vivem com VIH ou em situação de vulnerabilidade; recrutar membros entre os grupos em situação de maior vulnerabilidade à infeção (migrantes, minorias étnicas, trabalhadores do sexo, usuários de drogas, as mulheres em geral e as duplamente vulneráveis por pertencerem a estes grupos, os reclusos e os homens que têm sexo com homens).

10. Sociedades Médicas e Científicas

10.1. Associação Portuguesa para o Estudo Clínico da Sida (APECS)

É uma associação de médicos envolvidos no tratamento da infeção VIH, fundada em 1991 na sequência da Reunião da Curia. Tem por objetivo central contribuir para a investigação clínica e microbiológica da Sida. São atribuições específicas da Associação: promover reuniões, conferências, colóquios, seminários, congressos, para exposição e discussão da atividade científica relacionada com este problema de saúde; promover a publicação de trabalhos ou projetos neste campo; estabelecer relações de colaboração com outras entidades científicas, técnicas, profissionais, empresariais ou governamentais, nacionais ou estrangeiras, no âmbito dos seus objetivos; participar em projetos internacionais, nomeadamente eurocomunitários, de investigação; promover o estudo de aspetos gestionários, sociais, jurídicos, económicos e interprofissionais do problema.

10.2. Sociedade Portuguesa de Doenças Infeciosas e Microbiologia Clínica

É, desde 2004, a continuadora da Sociedade Portuguesa de Doenças Infecciosas, criada em 1978.

Estatutariamente, a associação tem por objetivos fundamentais: promover a infeciologia e a microbiologia por todos os meios ao seu alcance, organizando, patrocinando ou apoiando a realização de congressos e de reuniões de âmbito internacional, nacional ou regional, de cursos de pós--graduação, de cursos intensivos ou de quaisquer outras manifestações de caráter científico ou profissional; colaborar com outras associações internacionais ou estrangeiras da especialidade ou de áreas afins; estimular e apoiar a investigação e a prática da especialidade, assim como a sua divulgação; promover e colaborar na discussão e resolução dos problemas relativos à especialidade, sejam de índole científica, pedagógica, profissional ou sanitária; participar em projetos nacionais ou internacionais de investigação e patrocinar a elaboração de documentos técnicos sobre temas de infeciologia e de microbiologia.

10.3. Núcleo de Estudos da Infeção por VIH, da Sociedade Portuguesa de Medicina Interna (SPMI)

Tem realizado vários eventos de caráter científico, nomeadamente jornadas e workshops sobre VIH e tratamento. Deu patrocínio científico a uma bolsa de estudo da GSK/SPMI para investigações na área do VIH.

11. Congresso Virtual "AIDS Congress"

O Congresso Virtual "AIDS Congress" teve início em 2000. Era um Fórum aberto a pesquisadores, permitia a apresentação de novos dados e modelos em todas as questões relacionadas com o VIH. Trazia ideias novas e pesquisas numa audiência aberta e de âmbito mundial, constituída por especialistas, pacientes e público em geral. No final de cada ano, ou seja de cada congresso, eram publicadas as respetivas Atas ou Anais.

1º Congresso Virtual VIH – AIDS (2000): "Portugal 2000: À descoberta de desafios partilhados na luta contra a Sida";

2º Congresso Virtual (2001): "Ontem, hoje e amanhã";

3º Congresso Virtual (2003): "O VIH no mundo lusófono";

4º Congresso Virtual (2004): "A mulher e a infeção pelo VIH/Sida";

5º Congresso Virtual (2005): "A importância das coinfeções no VIH/Sida";

6º Congresso Virtual (2006): "A prevenção da Sida – um desafio que não pode ser perdido";

7º Congresso Virtual (2007): "O VIH na criança e no idoso";

8º Congresso Virtual (2008): "Novas perspetivas sobre a infeção VIH/Sida e doenças relacionadas";

9º Congresso Virtual (2009): "A infeção VIH e o Direito";

10º Congresso Virtual (2010): "O VIH/Sida nos países de Língua Portuguesa".

11º Congresso Virtual (2011): "O VIH/Sida e a tuberculose".

Por falta de participação adequada ou suficiente esta edição foi cancelada.

12. Figuras relevantes da luta contra a infeção VIH em Portugal

12.1. Laura Ayres (1922-1992), médica, interessa-se pelas doenças transmissíveis (então "infeto-contagiosas") durante os Internatos Geral e Complementar. Na área da Microbiologia, estagia, de 1950 a 1953, no Instituto Superior de Higiene (ISH), atual Instituto Nacional de Saúde (INSA), desenvolvendo estudos sobre o vírus da gripe e outras patologias respiratórias, montando um setor de diagnóstico de "tosse convulsa" que serviu de apoio aos trabalhos epidemiológicos de José Cutileiro no Hospital Curry Cabral e no Centro de Saúde de Lisboa. Recebe o apoio de seus mestres José Cutileiro e Arnaldo Sampaio, este último responsável pelo Laboratório de Bacteriologia e pelo Centro Nacional da Gripe, do ISH. Em 1955, a convite de Arnaldo Sampaio, aplica no ISH os conhecimentos de virologista, que acabara de desenvolver em Inglaterra. Organiza um setor de Virologia no Laboratório de Bacteriologia Sanitária do ISH, no campo de Santana. Partindo do exíguo Centro Nacional da Gripe, desenvolve o Laboratório de Virologia, autónomo a partir de 1971, impondo-o como um dos melhores laboratórios de Virologia Clínica e Epidemiológica. Em 1985, prepara e conclui a criação do Centro de Vigilância Epidemiológica das Doenças Transmissíveis. Dedica-se à investigação das condições do país na área das doenças infeciosas, na vertente epidemiológica, sobretudo das doenças virais evitáveis por vacinação, e outras patologias de elevado potencial epidémico (gripe, poliomielite, rubéola, malformações congénitas, tracoma). Coordena o primeiro Inquérito Serológico Nacional para patologias infeciosas (por exemplo as evitáveis por vacinação), estudo galardoado em 1983 com o Prémio Ricardo Jorge de Saúde Pública, e que permitiu traçar o perfil de 19 infeções, então graves problemas nacionais de Saúde Pública. Em 1983, torna-se subdiretora do INSA, a convite do então diretor, Aloísio Coelho, e cria uma gestão moderna e eficaz, desenvolvendo a investigação e a formação. Ao lado da carreira científica, teve uma notável carreira académica, como docente de Microbiologia Sanitária, na Escola Nacional de Saúde Pública. Voz e figura da luta contra a Sida em Portugal, esteve na origem da Comissão Nacional de Luta contra a SIDA e do Laboratório de Referência da SIDA, no INSA, pioneiro no diagnóstico laboratorial da infeção VIH/Sida em Portugal (INSA, 2011b).

12.2. Joaquim Machado Caetano (1935 -) professor catedrático de Imunologia da Faculdade de Ciências Médicas da Universidade Nova de Lisboa, foi responsável pela criação do primeiro departamento universitário de Imunologia, na Faculdade de Ciências Médicas de Lisboa. Fundador e presidente da Sociedade Portuguesa de Imunologia, foi membro, desde 1985, do Grupo de Trabalho da SIDA. Presidente das I Jornadas Nacionais Ético-Jurídicas sobre Infeção VIH/SIDA, foi convidado a integrar o Conselho Consultivo do Instituto da Droga e da Toxicodependência em 2008. É membro fundador da Fundação Portuguesa A Comunidade Contra a SIDA, criada em dezembro de 1993, Instituição Privada de Solidariedade Social. É uma organização não-governamental (ONG) de utilidade pública, que aposta na prevenção e cuidados no que toca aos comportamentos de risco e na formação dos voluntários.

12.3. Odette Santos-Ferreira (1925 -), professora catedrática jubilada da Faculdade de Farmácia da Universidade de Lisboa, foi pioneira nos estudos da infeção pelo VIH em Portugal. Trabalhou com o grupo do professor Luc Montagnier, do Instituto Pasteur de Paris, em investigações que levaram à descoberta do VIH-2, o que lhe valeu ser agraciada pelo governo francês com a distinção "Chevalier de la Legion d'Honneur" (1987) e pelo Presidente da República Portuguesa com o Grau de Comendador da Ordem de Santiago de Espada (1988). Outras contribuições suas estão ligadas às infeções hospitalares, base da sua tese de doutoramento na Faculdade de Farmácia de Chantney Malabry, Université de Paris XI, França (1977). Coordenadora da CNLCS de 1992 a 2000, foi representante de Portugal na UE, como consultora do Programa Europa Contra a SIDA e no Comité Consultivo e Gestionário do Programa de Prevenção da SIDA e outras Doenças Transmissíveis (Notícias Médicas, 2007, p. 26). Como coordenadora da CNLCS, Odette Ferreira foi autora do projeto de troca de seringas nas farmácias, intitulado "Diz não a uma seringa em segunda mão", destinado a diminuir o risco de transmissão do VIH e de outras doenças transmissíveis, como a hepatite B e C, em usuários de drogas injetáveis. Este projeto seria considerado pela União Europeia como o melhor projeto apresentado por um estado europeu, não só pela inovação, mas também por ter sido desenvolvido simultaneamente em todo o território nacional. Recebeu o Prémio Nacional de Saúde 2012, pelo "notável mérito da investigação brilhante e perseverante desenvolvida pela laureada, bem como o relevo da sua ação a nível pedagógico e cívico, nomeadamente através da criação e animação de estruturas de difusão de conhecimentos e de apoio a doentes com infeção VIH-Sida" (DGS, 2012).

Figura 11. Primeira página do artigo da Science sobre o isolamento do VIH-2, com a colaboração de Odette Santos-Ferreira e J. Luís Champalimaud.

Isolation of a New Human Retrovirus from West African Patients with AIDS

FRANÇOIS CLAVEL, DENISE GUÉTARD, FRANÇOISE BRUN-VÉZINET, SOPHIE CHAMARET, MARIE-ANNE REY, M. O. SANTOS-FERREIRA, ANNE G. LAURENT, CHARLES DAUGUET, CHRISTINE KATLAMA, CHRISTINE ROUZIOUX, DAVID KLATZMANN, J. L. CHAMPALIMAUD, LUC MONTAGNIER

The etiological agent of AIDS, LAV/HTLV-III, is common in Central Africa but is not endemic in other areas of that continent. A novel human retrovirus, distinct from LAV/HTLV-III, has now been isolated from two AIDS patients from West Africa. Partial characterization of this virus revealed that it has biological and morphological properties very similar to LAV but that it differs in some of its antigenic components. Although the core antigens may share some common epitopes, the West African AIDS retrovirus and LAV differ substantially in their envelope glycoproteins. The envelope antigen of the West African virus can be recognized by serum from a macaque with simian AIDS infected by the simian retrovirus termed STLV-III$_{mac}$, suggesting that the West African AIDS virus may be more closely related to this simian virus than to LAV. Hybridization experiments with LAV subgenomic probes further established that this new retrovirus, here referred to as LAV-II, is distantly related to LAV and distinct from STLV-III$_{mac}$.

Fonte: CLAVEL, F. et al. (1986). Isolation of a new retrovirus from West African patients with AIDS, Science, 233: 343-346.

Figura 12. Odette Santos-Ferreira

Fonte: Portal da Saúde, Prémio Nacional de Saúde. (2012)

12.4. Fernando Aires Ventura (1952 -), doutorado em doenças infeciosas pela London School of Hygiene and Tropical Medicine, é diretor do Departamento de Clínica de Doenças Infeciosas, Parasitárias e Medicina Tropical do Hospital de Egas Moniz e professor da Faculdade de Ciências Médicas da Universidade Nova de Lisboa. Foi o responsável pela admissão oficial de Portugal na UNAIDS/ONUSIDA, em 2000, já que, até aí, o país estava representado apenas por ONGs (Organizações Não Governamentais). A 30 de maio de 2001, Fernando Ventura seria eleito vice-presidente do Conselho de Coordenação do Programa da UNAIDS/ONUSIDA, adquirindo Portugal o estatuto de membro permanente da organização (Ponte, C., 2005).

12.5. António Meliço Silvestre (1946 -) professor catedrático jubilado da Faculdade de Medicina da Universidade de Coimbra, ex-diretor do Departamento de Doenças Infeciosas do Hospital da Universidade de Coimbra.

Foi o responsável por tornar a infeção VIH, em qualquer estadio, doença de declaração obrigatória junto do Centro de Vigilância Epidemiológica das Doenças Transmissíveis, do Instituto Nacional de Saúde Dr. Ricardo Jorge, como qualquer outra doença infeciosa de declaração obrigatória, sendo que, até aí, a notificação dos casos era feita à Comissão Nacional de Luta Contra a Sida. Recebeu em 2010 o título de Grande Oficial da Ordem de Mérito.

12.6. Jorge Torgal Garcia (1948 -), professor catedrático da Faculdade de Ciências Médicas (FCM) da Universidade Nova de Lisboa (UNL), é diretor do Departamento Universitário de Saúde Pública desde 1998. Foi, de dezembro de 2000 a janeiro de 2010, diretor do Instituto de Higiene e Medicina Tropical, unidade orgânica da UNL.

De entre muitos outros temas de investigação nas áreas da epidemiologia e infeciologia, tem uma vastíssima obra no campo das IST e do VIH/Sida, abrangendo aspetos epidemiológicos, clínicos, preventivos, sociais, socioeconómicos, políticos, administrativos, demográficos, desenvolvimentais, éticos e de direitos humanos. Tem-se debruçado sobre a questão da Sida nos jovens e, de entre estes, da população universitária. De 15 de fevereiro de 1990 a 27 de janeiro de 1992 foi membro da Direção Executiva da Comissão Nacional de Luta Contra a SIDA (CNLCS), na área da Epidemiologia. A partir de dezembro de 1992 foi membro da Direção Executiva da Comissão Nacional de Luta Contra a SIDA, na área da Saúde Pública, por proposta da então Coordenadora da CNLCS, professora Odette Ferreira.

Como consultor temporário desempenhou 25 missões para a Organização Mundial de Saúde, Direção-Geral, Genebra, direções regionais de África e da Europa, Banco Mundial, Fundação Calouste Gulbenkian, governos de Angola e de Portugal, em vários países (Angola, Argentina, Brasil, Cabo Verde, Costa do Marfim, Guiné -Bissau, Estónia, Etiópia, Moldávia, Moçambique, Macau, São Tomé e Príncipe, Timor-Leste, Tunísia, Ucrânia e Zimbabué).

Foi presidente do Conselho Diretivo do Infarmed em 2010 e 2011. (APEG Saúde, 2014; Torgal Garcia, 2014).

12.7. José Henrique de Barros (1957 -), professor Catedrático de Epidemiologia e Diretor do Departamento de Epidemiologia Clínica, Medicina Preditiva e Saúde Pública da Faculdade de Medicina da Universidade do Porto, tem desenvolvido trabalho de investigação em projetos nacionais e internacionais, em áreas como a epidemiologia clínica e perinatal, doenças cardiovasculares, infeciosas e cancro.

É editor-associado do European Journal of Epidemiology e membro do conselho editorial das revistas BMC Public Health, Cadernos de Saúde Pública e Journal of Epidemiology and Community Health. É membro do Conselho Científico da Fundação para a Ciência e Tecnologia. Foi Coordenador Nacional para a Infeção VIH/Sida de 2005 a 2011. É membro do Comité Científico Science Europe (FMUP, 2014; PCISPD, 2014).

12.8. António Diniz (1956 -), médico, é especialista em pneumologia com larga experiência na área da infeção VIH, tendo sido fundador da Unidade de Imunodeficiência do Serviço de Pneumologia II do Hospital Pulido Valente, do Centro Hospitalar Lisboa Norte e atualmente seu coordenador. A 9 de março de 2012 assumiu a direção do Programa Nacional para a Infeção VIH/Sida e do Plano Nacional da Tuberculose, no contexto da nova orgânica da Direção-Geral de Saúde (CHLN, 2014).

12.9. São ainda de destacar algumas figuras da sociedade civil que se notabilizaram pelo seu ativismo no combate à infeção e na defesa dos direitos das pessoas infetadas.

12.9.1. Margarida Martins (1953 -). O envolvimento de Margarida Martins na luta contra a Sida começou em 1991 na unidade de doenças infeciosas do Hospital Egas Moniz, onde, juntamente com um pequeno grupo de voluntários, dava apoio a seropositivos ali internados.

Personalidade controversa e muito mediática, foi a pedido de um amigo que viria a falecer com Sida que ela fundou, a 5 de junho de 1992, a associação Abraço, a primeira instituição particular de solidariedade social sem fins lucrativos de apoio a pessoas afetadas pelo vírus da Sida. Como trabalhava num bar afamado, como porteira e relações públicas, aproveitou os conhecimentos pessoais para fazer crescer a sua associação. Logo nos três primeiros anos realizou doze campanhas de sensibilização e prevenção de âmbito nacional. Paralelamente, desenvolveu sessões de esclarecimento junto de escolas, deu apoio jurídico a infetados e conseguiu angariar dinheiro para comprar material de apoio destinado aos hospitais Egas Moniz, Santa Maria, Joaquim Urbano e São Bernardo. Ao mesmo tempo, promoveu regularmente exposições e espetáculos destinados a mobilizar as pessoas para o problema da Sida.

Foi presidente da Associação Abraço durante 21 anos, estando atualmente afastada dos holofotes mediáticos (Infopédia 2003-2014).

12.9.2. Luís Mendão (1958 -). Licenciado em Bioquímica pela Universidade Pierre et Marie Curie, em Paris. Foi diagnosticado com infeção VIH e VHC em 1996. É presidente da Associação GAT e vice-presidente do European AIDS Treatment Group. Foi um dos fundadores e integra a Direção da Associação Portuguesa Antiproibicionista (SOMA-APA). Representa Portugal no Fórum da Sociedade Civil VIH/Sida da Comissão Europeia e pertence ao Comité Diretivo do VIHPORTUGAL. Nos últimos seis anos, tem sido assessor temporário da Organização Mundial de Saúde Europa (OMS Europa) sobre utilizadores de drogas, coinfeção VIH/VHC, vigilância epidemiológica e testes. Em 2007, organizou a conferência europeia sobre "O direito à prevenção e ao tratamento do VIH/SIDA para os migrantes e minorias na Europa: a perspetiva da comunidade", com o apoio de 34 organizações da sociedade civil, da OMS-Europa, OIM, OIT, ONUSIDA e OEDT (VIH Portugal, 2014).

12.9.3. Pedro Silvério Marques (1947 -). Licenciado em Finanças pelo Instituto Superior de Ciências Económicas e Financeiras da Universidade Técnica de Lisboa, onde foi assistente até 1973. Colabora em projetos na área do VIH/Sida com diversas entidades (Banco Mundial, Banco Internacional para a Reconstrução e Desenvolvimento, Associação para o Desenvolvimento Internacional, AIDS Action Europe, ICASO – International Coalition of AIDS Service Organizations, CNLCS, OMS, ONUSIDA, etc.). No triénio 2000 e 2003, foi delegado das ONG Europeias no Conselho de Coordenação da ONUSIDA. De setembro de 1996 a agosto de 2004, foi diretor do Boletim da Associação ABRAÇO. É um dos membros fundadores do GAT e dirige a sua publicação Ação e Tratamentos, pertencendo ao Conselho Consultivo. Membro do European AIDS Treatment Group e do European Community Advisory Board. Desde 2005, é membro da Comissão de Ética para a Investigação Clínica. Desde janeiro de 2011, coordena o Centro Antidiscriminação VIH-Sida, um projeto conjunto do GAT e da Ser+ que tem como objetivo principal diminuir a discriminação e o estigma em relação às pessoas infetadas ou afetadas pela infeção pelo VIH. Membro da Organização VIH Portugal (VIH Portugal, 2014).

13. Infeção **VIH** e Sida:
representações sociais e mensagens preventivas

Em Portugal, o *Diário de Notícias* dá conta da nova doença em 1982. Como não tinha ainda nome próprio, as primeiras notícias referem indiretamente a doença como "cancro", "doença misteriosa" ou "síndrome cubano". O *Correio da Manhã* dá as primeiras notícias da nova doença em 1983, chamando-lhe "doença desconhecida", depois "nova doença" e, ainda no mesmo ano, designa-a pelo acrónimo "SIDA". O termo "Sida", como nome comum, começa a impor--se na imprensa portuguesa em 1985 (Ponte, 2005). Embora designe apenas o estadio terminal da infeção VIH, a palavra "Sida" tem sido utilizada como sinédoque, representando, e simultaneamente ocultando, toda a problemática associada ao vírus da Sida: o VIH. No campo das representações, esta sinédoque constitui um grave obstáculo comunicacional, já que retira das preocupações imediatas a verdadeira origem e dimensão do problema. Assim, em 2011, a ONUSIDA desaconselhou o uso da expressão "VIH/Sida", por ser geradora de confusão, propondo o uso separado de cada um dos termos.

As representações sociais da epidemia VIH/Sida e o impacto das campanhas preventivas da infeção e da doença estão indissociavelmente ligadas. De tal modo, que as campanhas não raro se perdem num nevoeiro de atitudes, pré-conceitos e armações ideológicas que as impedem de produzir os efeitos desejados. No campo das representações sociais jogam vários e sucessivos fatores. A Sida fez tremer as conquistas da revolução sexual dos anos 60 e 70 do século XX. Uma vez detetada, rapidamente foi associada às relações sexuais, primeiro com a homossexualidade masculina, mas depressa atingindo também a população heterossexual. Entretanto, o vírus transpunha as fronteiras dos *grupos de risco* iniciais (praticantes de sexo comercial, homossexuais masculinos, hemofílicos e consumidores de drogas injetadas), transformando-se numa ameaça transversal e global. Mas a descoberta e utilização clínica dos medicamentos antirretrovíricos veio alterar a imagem ameaçadora, mortal, da doença. E se as pessoas usaram de alguma contenção e se protegeram na fase em que a doença era aguda, rápida e visivelmente mortal, cedo se deixaram iludir por um otimismo de todo injustificado. E a falsa iminência de uma vacina anti-VIH só veio aumentar ainda mais esse injustificado otimismo (Oliveira, 2008, p. 63).

A existência de um *período-janela* entre o momento da infeção e a seropositividade, e o alongamento do tempo entre a seropositividade e a instalação da Sida, fazem com que pessoas infetadas transmitam a doença sem que elas e suas parcerias sexuais se apercebam disso. A Sida perdeu a sua visibilidade e o poder imediatamente ameaçador, sem ter deixado de ser um gravíssimo problema de saúde pública, responsável pela perda de um número cada vez maior de vidas e recursos. Tornou-se uma doença insidiosa, invisível, de evolução mais lenta, mas tão mortal como dantes.

O ganho obtido em sobrevida criou uma nova realidade. Grupos de opinião e de pressão na área da sexualidade começaram a preocupar-se com a qualidade de vida das pessoas infetadas, com o seu direito à sexualidade, com o peso dos mitos e fantasmas criados nos primeiros tempos da doença, e procuraram erradicar o perigo da marginalização e da exclusão dos seropositivos (Oliveira, op. cit., p. 64).

Responsáveis pelas políticas de saúde e investigadores de várias áreas da Ciência têm pesquisado, ao longo dos tempos, os conhecimentos e as perceções da população a respeito da Sida. Uma das formas de avaliar a informação e os conhecimentos da população é fazer inquéritos aos conhecimentos, atitudes e ideias-feitas (*crenças*) sobre o vírus e a doença. Em Portugal, João Lucas, então membro da CNLCS, levou a cabo em 1987 um inquérito à população, tendo verificado que 56% dos inquiridos identificava a via sexual como a via de transmissão do VIH, 30.9% relacionava o contágio com as transfusões de sangue e 17.9% com seringas infetadas. Cerca de 1/4 dos inquiridos desconhecia as formas de transmissão do vírus (Lucas, J. S. 1987). Num estudo de 2003, Amaro et al. verificaram que 31.5% da população estudada referia os serviços de saúde e as transfusões de sangue como situações de transmissão do VIH. Este dado não se devia a uma experiência pessoal de risco, mas a que "na sua mente havia uma associação entre essas situações e a infeção pelo VIH" (Amaro et al., 2004). Porém, os dados estatísticos de 1983 a 2004 revelam que os serviços de saúde apenas podem ser responsabilizados por 1.5% das categorias de transmissão do VIH (CVEDT, 2004).

Comparando as opiniões dos portugueses com as do conjunto dos cidadãos da UE em 2003 e 2006 (15 e 25 Estados, respetivamente), vê-se que em 2006 11% dos portugueses (contra 14% em 2003) pensavam que se podia contrair a Sida num aperto de mão a um doente ou seropositivo, para uma média de 9 % (contra 3%) no conjunto da União Europeia a 25 (UE a 15 em 2003); 18% (contra 10% em 2003) pensavam que era possível contrair a Sida tomando uma refeição preparada por um doente ou seropositivo, para uma média de 17% (3% em 2003) no conjunto da União; 55% (58% em 2003) dos europeus diziam que não é possível contrair a Sida sentando-se numa sanita previamente usada por um doente ou seropositivo, enquanto só 45% (35% em 2003) dos portugueses tinham a mesma opinião; 52% (54% em 2003) do conjunto dos cidadãos europeus achavam que não é possível contrair o VIH ou apanhar a Sida bebendo por um copo utilizado por um doente ou seropositivo; e 42% (11% em 2003) acham que essa é uma das formas de se ser infetado, enquanto as respostas dos portugueses atingiam 41%

(em 2003 era superior à da UE a 15). Quanto a cuidar de alguém com Sida ou VIH positivo, 38% acham perigoso, contra 37% da UE (*Eurobaromètre Spécial. 2003; Special Eurobarometer*, 2006). Estes dados traduzem o impacto dos fantasmas associados à doença, dizendo respeito ao potencial discriminatório, mas não têm relevância para a questão dos comportamentos preventivos.

Num estudo de 2006 com 4877 jovens com idade média de 14 anos, verificou-se que só 48.1% dos inquiridos disse que o VIH não se transmite através da partilha de uma refeição ou bebida e cerca de 22% não respondem corretamente ao item "mesmo pessoas de aparência saudável podem estar infetadas" (Matos, M. et al., 2006)

Um estudo de Aliete Cunha-Oliveira numa população universitária mostrou que as representações sociais do VIH/Sida são um viveiro de novos mitos, que refletem expectativas irrealistas sobre a transmissão do VIH e o controle da infeção e da doença, criando uma barreira à penetração das mensagens preventivas. São os chamados "novos mitos sobre o VIH/Sida". Baseiam-se quase todos numa deficiente leitura dos dados estatísticos ou numa interpretação apressada dos avanços terapêuticos. São eles: "o risco está nos heterossexuais", "a Sida não mata", "ter relações sexuais não acarreta mais risco do que não ter", "já existe vacina", "o número de infetados será menor nos próximos anos", "as pessoas infetadas estão muito doentes", "o sexo oral não acarreta perigo" (Oliveira, op. cit.).

O mito segundo o qual "o risco está nos heterossexuais" merece especial atenção. A propagação do VIH e da Sida a bissexuais e heterossexuais desviou as atenções para o grupo dos heterossexuais, hoje o mais atingido em números absolutos. Gerou-se a ideia de que já não há grupos sujeitos a risco especial. Mas trata-se de um equívoco, porque, se os heterossexuais são hoje o grupo mais atingido pelo VIH/Sida, são também, de longe, o grupo mais representado em termos sociodemográficos. E se entre os casos de VIH/Sida a proporção de heterossexuais para homo-bissexuais oscila entre 2.6-3.9:1, a sua proporção demográfica é de 20:1, aproximadamente. Continua a ser verdade que há proporcionalmente mais VIH/Sida entre os homo-bissexuais do que entre os heterossexuais e que é muito mais provável ser-se infetado num encontro homossexual masculino do que num encontro heterossexual (Oliveira, op. cit., p. 126; Maia, 2010). Entre as consequências deste novo mito estão a diminuição do uso do preservativo, o aparecimento de comportamentos de *barebacking* ("desproteção proposital") entre homossexuais e o aumento consistente da incidência de VIH e de outras IST nesta população em muitos países (Ibidem). "Os homens *gays* e bissexuais de todas as raças continuam a ser o grupo mais afetado pela epidemia. Os homens que têm sexo com homens (HSH) constituem 2% da população, mas representam mais de metade das novas infeções nos Estados Unidos" (Frieden, 2011b).

Outro mito que merece a nossa melhor atenção é a ideia de que "não se morre de Sida". Na verdade, apesar das mil mortes anuais por Sida em Portugal, a ideia persiste, com consequências óbvias na perceção da necessidade imperiosa de medidas individuais de prevenção. Este mito baseia-se em que muitas das mortes não são diretamente resultantes da doença Sida em si mesma, mas são devidas a doenças ou condições que resultam da imunossupressão ou do estado geral debilitado do doente. As quais, de qualquer modo, não estariam presentes sem a doença de base.

13.1 Prémios de Jornalismo e Artes

Em 1992, o ministro da Saúde cria o Prémio para Trabalhos de Jornalismo sobre a Sida, a atribuir anualmente no âmbito das comemorações do Dia Mundial da Sida.

Em 2009, no concurso europeu de mensagens preventivas da Sida "European AIDS Video Clip Contest 'Clip & Klar Europe 09'", o *spot* publicitário vencedor foi o português "Cinco razões para não usar preservativo", um título paradoxal, que procura traçar a evolução das fases da infeção VIH até à fase Sida e identifica as [cinco] razões ou situações que levaram as pessoas a não usar preservativo quando o deviam ou podiam ter usado: "corta o momento"; "tira o prazer"; "é desconfortável"; "é difícil de colocar"; e "reduz a sensibilidade".

13.2 Filatelia

A filatelia tem sido uma das áreas exploradas na chamada de atenção para o problema da infeção VIH e da Sida. Em 2006, numa parceria entre a Coordenação Nacional para a Infeção VIH/Sida e os CTT - Correios de Portugal, e com o objetivo de fomentar uma maior consciencialização da população em geral para a doença, assim como para a prevenção, Portugal emitiu, através das ATM de venda de etiquetas de correio, uma série alusiva à doença, com a frase: "defende a vida, faz o teste do VIH/Sida"

Figura 13. As etiquetas de correios vendidas em máquinas automáticas alusivos à infeção VIH/Sida

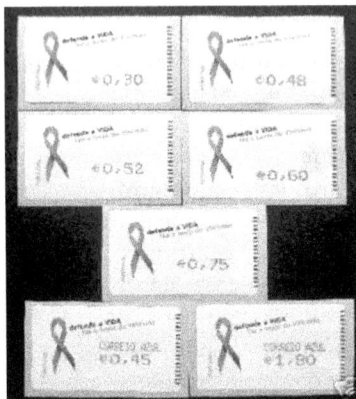

Fonte: Correios de Portugal

Nas comemorações dos 30 anos da epidemia de VIH foram postos a circular cerca de três milhões de selos. Aderiram à iniciativa da emissão, que incluía selos e outros produtos filatélicos, países como Cazaquistão, Rússia, Bielorrússia, Moldávia, Ucrânia, Roménia, Eslováquia, Croácia, Luxemburgo, Turquia, Burkina Faso, Camarões, Malawi, Paquistão, Irão, Iraque, Ilhas Fiji, Nova Caledónia, Uruguai e Brasil. Por sua vez, a Administração Postal das Nações Unidas emitiu três selos, que foram vendidos nas delegações da ONU em Nova Iorque, Genebra e Viena.

Figura 14. Inteiro Postal dos Correios de comemoração dos 30 anos de VIH em Portugal.

Fonte: Fundação Portuguesa - A Comunidade Contra a SIDA

14. Revista "informaçãoSIDA"

Procedemos ao exame das primeiras sessenta edições da Revista *"informação-SIDA"*, que se publica bimestralmente desde 1997. É uma publicação dirigida a profissionais de saúde, com o apoio do Ministério da Saúde e o patrocínio da Indústria Farmacêutica. O seu conteúdo reflete a evolução do discurso científico, médico, político e social ao longo de dez anos de publicação. Há a consciência de que a Sida não é apenas uma questão médica, clínica: "a SIDA veio [re]colocar desafios imensos à Saúde Pública: trata-se de uma doença transmissível não evitável por vacinação, para a qual ainda não existe terapia etiológica radical e que precisa de ser prevenida através de mudanças de comportamentos íntimos. De facto, a saúde é importante demais para ser entregue apenas à Medicina, muito embora não deva deixar de se alicerçar nela" (Castanheira, 1997, p. 3).

Desde o início da epidemia que se conhecem os três mecanismos de contágio do VIH e seus modos de prevenção. O reconhecimento de que a transmissão sexual é a principal forma de contágio é uma constante da literatura, embora se reconheça também a sua relação com a via sanguínea, designadamente através do consumo de drogas injetáveis, transfusões sanguíneas e transmissão maternofetal.

Mas, como se disse, a transmissão sexual é a principal forma de contágio, independentemente do tipo e orientação sexual – homo ou heterossexualidade. Assim, como doença sexualmente transmissível, difunde-se mais ou menos rapidamente na população, consoante o comportamento sexual dos indivíduos ou do grupo, comportamento esse condicionado por fatores demográficos, sociais, culturais, religiosos e psicológicos, entre outros. A interação destas múltiplas facetas vai permitir a constituição de redes humanas onde a epidemia se desenvolve de modo fácil e rápido.

Deste modo, a epidemia, inicialmente limitada às áreas urbanas, difundiu-se a regiões circundantes, acompanhando com frequência o evoluir da prostituição. Outro aspeto relevante é a relação do risco de transmissão do vírus no seio de uma população de acordo com o tempo, aumentando de modo proporcional com o aumento crescente do número de portadores.

Em relação à transmissão sanguínea, o mecanismo dominante de transmissão é o que se observa em toxicodependentes. De facto, o risco de contágio sanguíneo está hoje limitado à toxicodependência, pois o risco de transmissão dos vírus através das transfusões de sangue e de seus derivados está praticamente dominada, com o rastreio sistemático e obrigatório das dádivas de sangue e o tratamento por inativação dos produtos seus derivados, generalizado a partir de 1985.

Embora nos toxicodependentes o contágio se faça principalmente por via sanguínea, não é de excluir a contaminação sexual, esta também com propagação à população, consequência do recurso frequente destes indivíduos à prostituição como meio de obter dinheiro para a compra de droga. Por isso, não devemos descurar este tipo de transmissão nos programas de prevenção, dada a influência das drogas no juízo crítico do indivíduo, determinando que em situações de risco de contágio não sejam utilizados os métodos preventivos adequados (Miranda, 1997, p. 16-18).

Sempre que existir uma troca de parceiros ou sempre que uma relação sexual com um parceiro ocasional, do qual se desconhece o seu passado sexual, aconteça entre pessoas de sexos diferentes ou entre pessoas do mesmo sexo, corre-se um risco bastante grande de contrair uma infeção pelo vírus da Sida.

Nas relações heterossexuais esse risco tanto pode ocorrer em situações de penetração vaginal como no sexo oral; na penetração anal o risco é muito maior, porque a mucosa anal é muito vascularizada e é muito fácil haver rotura de pequenos vasos, que irão facilitar a penetração do vírus na corrente sanguínea, desde que o mesmo esteja presente no sémen ou no esperma.

Na situação de sexo oral o perigo será relativamente menor, mas depende muito da existência ou não de feridas na boca e nas gengivas.

Na penetração vaginal o risco de infeção é maior para a mulher, se tiver relações sexuais com um parceiro infetado, do que se for o contrário, e isto por causa da própria disposição dos órgãos genitais femininos.

As relações homossexuais são também mais favorecedoras de se contrair a infeção, se houver penetração anal sem proteção de preservativo" (Pardal, 1997, p. 23).

Outro aspeto interessante deste discurso oficial prende-se com a reclusão e sua relação com a Sida. Em 1998 dizia-se: "atualmente, estarão detidos, aproximadamente, 14 000 reclusos, entre os quais cerca de 50% serão seropositivos, ou, dito de outra forma, 1/5 dos portugueses infetados pelo VIH estarão em reclusão" (Bernardo, 1998, p. 16).

A ONUSIDA escolheu os jovens como alvo preferencial da sua campanha de 1998. Globalmente, a faixa etária situada entre os 10 e os 24 anos representa 50% das infeções após a infância. Em alguns países em vias de desenvolvimento esse número chega a ultrapassar os 60%. Estas elevadas taxas de infeção refletem, em parte, a preponderância dos jovens no mundo inteiro.

Existem razões para que especialmente os mais novos estejam expostos à infeção pelo VIH. A adolescência e a juventude são tempo de descoberta, de sentimentos e necessidades novas nas suas relações pessoais. O comportamento sexual é uma importante parte do problema, porque pode envolver riscos. O mesmo se aplica ao consumo de drogas.

Se por um lado lhes é pedida a abstinência, por outro os jovens são diariamente expostos a um infindável rol de anúncios dos *mass-media* com alusões a sexo, tabaco, álcool e a uma vida despreocupada (informação SIDA, nº 11, 1998, p. 10). Por outro lado, a tomada de consciência de que "é na adolescência e juventude que os comportamentos de risco, seja em relação à sexualidade ou aos consumos de drogas, nomeadamente injetáveis, se iniciam ou se consolidam, e que se situam os maiores índices de incidência da infeção pelo VIH", sendo importante "o lugar da educação pelos pares na promoção da saúde em geral, e da prevenção da Sida em particular, tem vindo, nos anos 90, a ganhar credibilidade, à medida que as abordagens baseadas no modelo médico, centradas na informação especializada e na intervenção estruturada, a partir de cima ou do topo para a base, se têm mostrado ineficazes" (Meneses, 1998, p. 12).

Reconhece-se que é necessária uma resposta global conjunta a nível político, social e clínico para atacar o problema. Desde Vancouver [1996] que as expectativas de terapêutica da Sida se modificaram substancialmente. É nítida a diminuição da pressão de internamentos que se verifica nos nossos serviços especializados em doenças infeciosas, sendo hoje possível gerir a evolução destes doentes dando ênfase ao seu seguimento em consulta externa e hospital de dia.

A qualidade de vida melhorou acentuadamente e hoje aponta-se o caminho para a evolução das terapêuticas facilitadoras da *compliance*, um dos marcantes problemas das prescrições para quem tem de ingerir inúmeras pílulas, com interações mútuas e efeitos secundários mais ou menos desagradáveis, mesmo considerando apenas as terapêuticas específicas contra o vírus da Sida, e mesmo sem entrar em linha conta com a adição das prescrições para as infeções oportunistas" (Meliço-Silvestre, 1999, p. 16).

"A SIDA não pode ser combatida apenas por um setor – é necessário uma resposta multissetorial" (Ibidem, p. 7). "O mundo conhece a SIDA há vinte anos e uma das lições-chave que aprendemos é que a liderança é essencial para uma resposta eficaz à epidemia. (...) Pela primeira vez, todas as nações do mundo abraçaram um conjunto comum de alvos, objetivos e princípios na Declaração de Compromisso adotada por unanimidade durante a Sessão especial da Assembleia-Geral das Nações Unidas sobre SIDA que decorreu em junho [de 2001]" (Piot, 2002, p. 6).

A informação para a consciencialização é muito importante, pois "ainda são muitos os que vivem minutos de prazer como se fossem os últimos e únicos, sem pensar na vida que existe pela frente. Na opinião de Duarte Vilar, "por vezes, é uma questão de falta de informação, já que algumas pessoas não sabem ou não têm interiorizada a ideia que podem efetivamente ser portadores de doenças, que podem transmitir, porque se sentem saudáveis" (informaçãoSIDA, 2008, p. 48-50).

Com os novos meios terapêuticos de que hoje dispomos, a Sida, permanecendo embora como doença incurável e mortal, adquiriu uma evolução crónica, que, por sua vez, viria a colocar novos problemas. Um deles é a necessidade de integrar os doentes com Sida na Rede Nacional de Cuidados Continuados

Integrados (RNCCI). Embora a RNCCI não tenha, neste momento, uma resposta específica para este tipo de doentes, "esta é uma questão que está a ser analisada". As unidades da Rede poderão vir a integrar os doentes com Sida, pois que o objetivo delas é "a manutenção de conforto e qualidade de vida, mesmo em situações irrecuperáveis" (Informação SIDA, nº 60, 2007, p. 4).

Um outro aspeto é o das doenças associadas à infeção VIH, designadamente a tuberculose. De acordo com os dados da Coordenação do Programa Nacional de Luta Contra a Tuberculose, a incidência a nível nacional corresponde ao triplo da registada em quase todos os países da Europa, com exceção da Lituânia, Letónia e Bulgária, estando a maior parte dos casos afeta aos distritos de Lisboa, Porto e Setúbal. De notar que a população imigrante representa 12% da totalidade dos casos de tuberculose (informaçãoSIDA, 2008, p. 6-8).

15. As mensagens dos Dias Mundiais da Sida

O Dia Mundial da Luta Contra a Sida existe desde 1988, comemorando-
-se a 1 de dezembro. Portugal começou a celebrá-lo em 1998, por ocasião da
Expo-98 (Santos, 2002, p. 603) [26]. De acordo com a ONU, espera-se que
este dia constitua uma oportunidade para que os governos, os programas
nacionais de luta contra a Sida, as organizações não-governamentais e todos
os indivíduos demonstrem o seu interesse no combate à doença, assim como
a sua solidariedade na conquista deste objetivo.

Tendo em conta que dos mais de 30 milhões de pessoas infetadas pelo
VIH ou doentes com Sida pelo menos 1/3 são jovens entre os 10 e os 24 anos,
e que mais de 50% dos 5.8 milhões de novos casos de Sida acontecem em
jovens entre os 15 e os 24 anos, a ONUSIDA escolheu os jovens como "alvo
preferencial" da sua campanha de 1998 (Revista *informação SIDA e outras
doenças infecciosas*, nº 11, 1998, p. 10).

Na Campanha Mundial SIDA 1998, a temática é a mesma do ano anterior:
"Num mundo com SIDA, as crianças e os jovens são uma responsabilidade
de todos nós".

A Campanha Mundial SIDA 1999 – "Ouvir, Aprender, Viver!" – centrou-se
na comunicação com crianças e jovens. Este lema tinha dois grandes objetivos. O
primeiro foi aumentar a consciencialização sobre a necessidade de ouvir crianças
e jovens no que diz respeito à prevenção da SIDA e aos esforços para que esta
seja efetiva. O segundo era reforçar os programas de Sida com crianças e jovens
em dez áreas de ação (Revista *informação SIDA e outras doenças infecciosas*, nº
17, 1999, p. 17). Em 2000 a ONUSIDA procurou envolver cada vez mais as
pessoas do sexo masculino nos esforços contra a Sida, sob o lema "Os homens
marcam a diferença" (*Men make a difference*). Para Peter Piot, diretor executivo
da ONUSIDA, "chegou [então] o momento de começar a ver o homem não

---

[26] "No âmbito da Exposição Universal conhecida como Expo 98, em Lisboa, foi promovida
a campanha *Classificados*, assim designada por ter sido exposta nas páginas dos jornais reservadas
aos anúncios classificados e que se destinava a incentivar o uso de preservativos por parte de
clientes de prostitutas. Nesse mesmo ano de 1998, foi festejado pela primeira vez no País o Dia
Mundial de Luta Contra a AIDS, a 1 de dezembro, com o objetivo de promover a prevenção e
conscientização sobre a epidemia" (Ibidem).

como um tipo de problema, mas como uma componente da solução. Trabalhar com os homens para alterar algumas das suas atitudes e comportamentos tem um enorme potencial para conter a epidemia e melhorar as suas próprias vidas, das suas famílias e das suas companheiras" (Revista *informação SIDA e outras doenças infecciosas*, nº 23, 2000, pp. 18-20). Em 2001, a campanha mundial da ONU decorreu sob o lema "Eu preocupo-me...e tu?" (*I care...do you?*). Focava de novo o papel dos homens na epidemia de Sida e pretendia mostrar que eles podiam fazer a diferença em relação à doença. Abordava seis novas áreas. A ONU constatava, uma vez mais, que as mortes por Sida entre o sexo masculino ultrapassam as das mulheres em todos os continentes, com exceção da África subsaariana. E que quanto mais novos são os homens maior é o seu risco, pois que os homens com menos de 25 anos perfazem um quarto dos 36.1 milhões de indivíduos que vivem com VIH/Sida (Revista *informação SIDA e outras doenças infecciosas*, nº 29, 2001, pp. 18-19).

Em 2002 o lema da campanha foi "Vamos deixar cair esta máscara". Com isso pretendia-se apelar ao combate ao estigma e à discriminação de que são vítimas os portadores de VIH. Essa discriminação é, do ponto de vista da prevenção, marcadamente irracional, desumana e perigosa para a Saúde Pública, na medida em que o medo de ser discriminado leva as pessoas a fugir ao diagnóstico e ao tratamento (Revista *informação SIDA e outras doenças infecciosas*, nº 36, 2003, pp. 32-33).

Em 2003, o lema da campanha foi "Contra o Estigma e a Discriminação todos e todas podemos fazer alguma coisa". Em 2004, o lema da campanha foi "Já me ouviste hoje?" (*Have you heard me today?*), tendo por objetivo alertar para ações de combate às desigualdades que colocam não só mulheres e raparigas em risco mas também as próprias comunidades. Mundialmente, mulheres e raparigas jovens são mais suscetíveis ao VIH do que homens e rapazes novos. (Revista *informação SIDA e outras doenças infecciosas*, nº 47, 2004, p. 41).

A verdade é que o número de mulheres infetadas pelo VIH está a aumentar. Hoje, a face da Sida é verdadeiramente jovem e feminina, o que acarreta fortes implicações pois, segundo Peter Piot, não seremos capazes de travar a epidemia sem pormos as mulheres no centro da luta contra a Sida (Revista *informação SIDA e outras doenças infecciosas*, nº 48, 2005, p. 315).

Em 2005 o lema da Campanha Mundial Contra a Sida, que deu o mote às comemorações do Dia Mundial de Luta contra a Sida, foi "Stop Sida: Cumpra a Promessa", pretendendo com isso pressionar a comunidade para que assuma e cumpra as promessas que fez na Declaração de Compromisso Sobre o VIH/Sida em junho de 2001. Esse compromisso vincula os líderes políticos mas também todos os setores da sociedade. Além disso, os cartazes utilizados na campanha apelavam à responsabilidade pessoal de cada um na consecução do objetivo de travar a expansão da Sida (Revista *informação SIDA*, nº 53, 2005, p. 42).

Em 2006 o Dia Mundial da Luta Contra a Sida foi subordinado ao lema adotado pela Comissão em abril de 2005: "Por um mundo sem Sida, manter o compromisso", tendo em conta o Programa de Ação Europeu de luta contra o VIH/Sida, a malária e a tuberculose, que abrange todos os países em desenvolvimento durante o período 2007-2011. A efeméride foi comemorada em Portugal com a apresentação do "Programa Nacional de Prevenção e Controlo da Infeção VIH/Sida 2007-2010: um compromisso com o futuro", cujos objetivos principais até 2010 eram reduzir em pelo menos 25% a mortalidade por Sida, diminuir o número de novas infeções e aumentar a realização voluntária do teste VIH (Revista *informação SIDA e outras doenças infecciosas*, nº 60, 2007, p. 18; Parlamento Europeu, 2006).

Em 2007, o lema foi "Stop à Sida", para chamar a atenção para a Sida, que matava quatro pessoas em cada minuto, ou mais de 5.700 por dia, segundo a ONUSIDA. Publicadas em novembro, as últimas estimativas daquela agência das Nações Unidas assinalavam cerca de 6.800 novas contaminações por dia.

Em 2008, a mensagem centra-se na liderança, alertando para a necessidade de uma política clara e multissetorial na resposta ao VIH/Sida. Baseado no lema do ano anterior, destaca a liderança política necessária para cumprir os compromissos que foram assumidos na resposta à Sida.

Em 2009, destaca-se o lema: "Acesso universal e direitos humanos". E em Portugal o tema em discussão seria o VIH no local de trabalho.

Em 2010, foi adotado o slogan "Eu trabalho. Tenho os meus direitos". Em Portugal o tema foi o VIH/Sida e o mundo do trabalho". A OIT reforçava o seu apelo ao cumprimento dos direitos no trabalho. No quadro de uma crise económica que torna mais vulneráveis as pessoas que vivem com o VIH, torna-se necessário não excluir os programas de luta contra o VIH no local de trabalho e não discriminar os grupos mais vulneráveis.

Em 2011, o lema foi "Getting to Zero: Zero novas Infeções, Zero pessoas discriminadas, Zero mortes relacionadas com a infeção VIH".

Em 2012, foi lema "Trabalhar em conjunto para uma geração livre da Sida" (Working together for an AIDS free generation).

Em 2013, o lema continua a ser "Zero Novas Infeções, Zero Discriminação e Zero Mortes", compromisso que os Governos rubricaram durante a Reunião de Alto Nível das Nações Unidas em 2011. Aqui são definidas algumas metas, nomeadamente a redução de novos casos, a diminuição do número de mortes causadas pela patologia e o combate à discriminação. Objetivos a atingir até 2015: reduzir a transmissão sexual do vírus; prevenir novas infeções entre os utilizadores de drogas; eliminar novas infeções entre as crianças; proporcionar acesso a tratamento; evitar mortes por tuberculose; eliminar a falta de recursos; eliminar as desigualdades de género; eliminar o estigma e a discriminação; eliminar as restrições de viagens aos seropositivos; reforçar a integração dos portadores de VIH.

16. Perspetivas futuras da evolução da prevenção e do tratamento da doença

As primeiras intervenções comportamentais concebidas para deter a expansão do VIH ocorreram há cerca de 30 anos, logo após o relato dos primeiros casos de Sida.

Em quase todas as populações com risco conhecido de VIH e Sida, as intervenções assentes em reconhecidas teorias de modificação do comportamento mostraram ser eficazes na redução das práticas de alto risco, sexuais ou por injeção. O aconselhamento breve de redução de risco, os *workshops* de treino de aptidões em pequenos grupos, os programas de troca de seringas, o aconselhamento mais aprofundado e o teste de VIH, as intervenções dirigidas a pessoas que vivem com VIH, os programas de *marketing* social do preservativo, os modelos de educação por pares e outras abordagens comportamentais de prevenção do VIH, demonstraram eficácia em ensaios clínicos ou de base comunitária cuidadosamente controlados. As meta-análises vêm demonstrando repetidamente que estas intervenções produzem *outcomes* comportamentais frequentemente favoráveis.

Infelizmente, a continuidade das intervenções comportamentais exige um forte empenhamento e uma disponibilidade de recursos muito grande. E, apesar da sua eficácia, as intervenções de redução de risco do VIH não forneceram a solução rápida ao problema da Sida que muitos planificadores e decisores procuram há décadas (Kalichman, 2008, p. 333).

Para prevenir o VIH são necessárias intervenções comportamentais, biomédicas e estruturais. As intervenções comportamentais têm sido bem sucedidas mas pouco consistentes ou sustentadas, e poucas têm sido concebidas para acompanhar as inovações biomédicas que vão surgindo. Os progressos biomédicos são promissores mas vão muitos anos à frente de poderem ser disseminados, dificilmente são 100% eficazes e exigem uma ampla aceitação e adesão. O impacto das intervenções estruturais é difícil de avaliar pelos meios científicos padrão de prova, mas as intervenções estruturais estão intrinsecamente ligadas aos esforços preventivos comportamentais e biomédicos, através do financiamento e das decisões políticas.

A próxima geração de prevenção do VIH pode assentar em fundamentar o desenvolvimento e a adaptação das intervenções baseadas na evidência

(IBE), em fatores comuns subjacentes à eficácia de todas as IBE; criar uma ciência de conceção e disseminação das IBE utilizando um paradigma de melhoria contínua da qualidade, em lugar de um modelo de replicação fiel; usar processos empresariais para conceber, difundir e utilizar os programas; reformular a prevenção, saindo de um modelo de gestão de doença para uma perspetiva de bem-estar, que reforce a ideia da infeção VIH como doença de evolução prolongada; tirar a prevenção dos *settings* e técnicos de cuidados de saúde e levá-la para estruturas e lideranças comunitárias (Rotheram-Borus, Swendeman & Chovnick, 2009).

Como estamos na transição de uma era de um método eficaz de intervenção biomédica (por ex°, o preservativo) para uma era de intervenções múltiplas eficazes (por ex°, preservativos, profilaxia antirretrovírica – ARV – e terapêutica antirretrovírica – TAR – como prevenção), torna-se necessário adaptar a linguagem no que toca a sexo protegido e sexo desprotegido. Até agora, proteção contra o VIH significava uso do preservativo, mas no futuro a palavra proteção pode vir a significar ainda profilaxia pré-exposição (PrEP), profilaxia pós-exposição (PPE), agentes tópicos ou outros produtos. Este é também o tempo oportuno para uma discussão efetiva sobre a eficácia e a eficiência de um e de outro método. A literatura de investigação sugere que os preservativos são geralmente eficazes na ordem dos 80% a 87%, quando em utilização vaginal em sexo heterossexual. Tendo em conta os resultados do ensaio de eficácia em homens que têm sexo com homens (HSH), a PrEP pode ter uma eficácia de 44% entre os HSH e uma eficácia de 73% se houver uma elevada adesão (90%). No entanto, os fatores de hospedeiro e parceiro têm uma importância decisiva na equação (i. e., carga viral, funcionamento do sistema imunitário, número e intensidade das exposições, efeitos secundários da PrEP). Globalmente, o preservativo continua a estar fortemente recomendado na prevenção da transmissão sexual do VIH para todos os HSH, e a PrEP oferece uma proteção adicional em alguns HSH de muito alto risco. Ou seja, a mensagem a transmitir deve ser que o uso do preservativo continua a ser a maneira mais eficaz de prevenir a transmissão e aquisição do VIH através das relações sexuais e que a PrEP é uma intervenção biomédica complementar que pode oferecer proteção contra a infeção VIH (Mansergh, Koblin & Sullivan, 2012).

Contrastando com as intervenções comportamentais, as abordagens biomédicas de prevenção do VIH dão-nos esperanças de imunidade, de redução permanente da suscetibilidade e de uma infeciosidade diminuída. A intervenção biomédica mais bem-sucedida continua a ser, de longe, a medicação ARV para prevenir a transmissão de mãe a filho. Também têm sido muito animadores os ensaios clínicos de circuncisão masculina para a redução do risco de VIH, mostrando mesmo uma redução da transmissão da ordem dos 60 %, resultado que não é de esperar, por exemplo, da maioria dos modelos de vacina. A circuncisão masculina enfrenta desafios de implementação, devido a condicionantes de natureza cultural e religiosa, um problema que tem que ser resolvido a nível de cada comunidade em particular. Seja como for, a eficácia da circuncisão masculina na transmissão mulher-homem é indiscutível. Infelizmente, os resultados, tão ansiosamente esperados, de outras tecnologias biomédicas de prevenção têm sido menos animadores. É o caso do uso do diafragma e do tratamento antirretrovírico

17. Cronologia da infeção VIH e Sida

17.1. O VIH e a Sida no Mundo

Início dos anos 80 – sobrevida média de um doente de Sida: 6-8 meses.

1981 – A 5 de junho, o CDC (*Centers for Disease Control and Prevention*), através da sua revista *MMWR* (*Mortality and Morbidity Weekly Report*) publica um relatório sobre cinco casos de pneumonia por *pneumocystis carinii* em homens homossexuais até aí saudáveis.

1981 – A 3 de julho, o *The New York Times* relata casos de síndrome de Kaposi em 41 homossexuais do sexo masculino.

1981-1987 – Era pré-antirretrovírica.

1982 – Em janeiro, é fundada em São Francisco a primeira clínica americana para tratamento de pacientes com Sida.

1982 – Na Reunião de 27 de julho, em Washington, a nova doença recebe o nome de Síndrome de Imunodeficiência Adquirida (AIDS ou SIDA).

1982 – Em 24 de setembro, os CDC usam o termo "AIDS" (Sida) pela primeira vez e dá a primeira definição de "Sida": "é qualquer doença pelo menos moderadamente preditiva de um defeito da imunidade mediada por células, que ocorre numa pessoa sem qualquer caso conhecido de resistência diminuída para essa doença".

1982 – Em 10 de dezembro, os CDC relatam 1 caso de transmissão sanguínea numa criança; na semana seguinte, o *MMWR* (dos CDC) relata 22 casos de imunodeficiência e infeções oportunistas inexplicáveis em lactentes.

1983 – Os CDC criam a *National AIDS Hotline*, para responder a perguntas do público sobre a doença.

1983 – Em 7 de janeiro, são notificados 2 casos de transmissão à parceira sexual e 16 casos em prisões da Costa Leste dos EUA.

1983 – Em fevereiro, Robert Gallo, do *National Institute of Health*, sugere que a causa provável da Sida é um retrovírus.

1983 – Em 4 de março, o *MMWR* observa que a maioria dos casos de Sida ocorria em homossexuais masculinos com múltiplos parceiros sexuais, em usuários de drogas injetáveis, em haitianos e em hemofílicos transfundidos. A revista sugeria que a Sida podia ser causada por um agente infecioso transmissível sexualmente ou por exposição ao sangue ou hemoderivados e apresentava recomendações para a prevenção da transmissão da doença.

1983 – Em 20 de maio, Luc Montagnier, do Instituto Pasteur de Paris, publica a descoberta, num paciente gay, de um retrovírus a que chama LAV (*vírus associado à linfadenopatia*), o qual "poderia ser a causa da Sida".

1983 – Em 25 de julho, o Hospital Geral de São Francisco abre a primeira enfermaria para doentes com Sida, enfermaria que fica lotada em poucos dias.

1983 – Em 2 de setembro, os CDC publicam o primeiro conjunto de precauções contra a exposição ocupacional, que devem ser tomadas pelos profissionais de saúde e profissões relacionadas.

1983 – Em 9 de setembro, o MMWR identifica todas as principais vias de transmissão, excluindo delas a transmissão pela comida, pela água, pelo ar ou por quaisquer superfícies do ambiente.

1983 – A OMS organiza o primeiro encontro científico para avaliar a situação global da Sida e dá início à vigilância epidemiológica internacional.

1983 – Um médico de Nova York sofre um processo de despejo por tratar pacientes com Sida no seu consultório.

1983 – Investigadores americanos relatam oito casos de bebés com doença compatível com Sida.

1984 – Identificada molécula dos CD4 como recetora primária do VIH.

1984 – Robert Gallo e colaboradores publicam a descoberta de um retrovírus, o HTLV (vírus linfotrópico das células T humanas) tipo III, que identificam como a causa da Sida.

1984 – A secretária do Departamento de Saúde e Serviços Humanos, dos EUA, Margareth Heckler, anuncia que Robert Gallo e colaboradores, do National Cancer Institute, tinham descoberto a causa da Sida e que tinha sido desenvolvido um teste sanguíneo para deteção do HTLV-III. Manifestou ainda a sua esperança na descoberta de uma vacina contra a Sida nos dois anos seguintes.

1984 – Em junho, Robert Gallo e Luc Montagnier dão uma conferência de imprensa conjunta para anunciar que o HTLV-III e o LAV são quase certamente idênticos e constituem a provável causa da Sida.

1984 – Em 13 de julho, os CDC afirmam que o evitamento do uso de drogas injetáveis e a redução da prática de partilha de seringas "deve também ser eficaz na prevenção da transmissão do vírus".

1985 – Em 11 de janeiro, os CDC reveem a definição de caso de Sida, referindo que ela é causada por um vírus recém-identificado, e emitem *guidelines* provisórias para o rastreio sanguíneo da doença.

1985 – Rock Hudson lega US $ 250 000 para ajudar à criação da American Foundation for AIDS Research, da qual Elizabeth Taylor se torna presidente.

1985 – De 15 a 17 de abril decorreu a primeira *International AIDS Conference*, em Atlanta, GA, então organizada pelo Departamento de Saúde e Serviços Humanos dos EUA e pela OMS.

1985 – Há, pelo menos, um caso relatado em cada região do mundo.

1985 – Aprovação pela FDA do primeiro teste comercial de VIH (técnica ELISA) para deteção de anticorpos no sangue.

1985 – Em 6 de dezembro, o US Public Health Service emite as primeiras recomendações para a prevenção da transmissão materno-fetal.

1985 – Ryan White, um adolescente hemofílico do estado de Indiana, que contraíra a Sida através de produtos de sangue contaminado, foi impedido de entrar na escola secundária que frequentava, tornando-se um ativista contra a discriminação.

1986 – Em maio, o Comité Internacional de Taxonomia de Vírus determina que o novo vírus, até aí com várias designações, passe a ser chamado HIV ou VIH (vírus da imunodeficiência humana).

1986 – Em 17 de setembro, o presidente Ronald Reagan menciona pela primeira vez a palavra AIDS (Sida), prometendo, numa carta ao Congresso, fazer da Sida uma prioridade nacional.

1986 – *II International AIDS Conference*, em Paris.

1986 – O Cirurgião-Geral dos Estados Unidos, Everett Koop, emite um relatório, *The Surgeon General's Report on AIDS*, no qual incentiva as escolas e os pais a iniciarem um diálogo franco e aberto sobre a Sida e apela à educação [sexual] e ao uso do preservativo.

1987 – Em fevereiro, a OMS lança o Programa Global da Sida: sensibilizar, formular políticas baseadas em evidências, fornecer apoio técnico e financeiro aos países, iniciar a investigação social, comportamental e biomédica relevante, promover a participação das ONG e defender os direitos das pessoas que vivem com o VIH.

1987 – Em 19 de março, a FDA aprova o primeiro antirretrovírico, o AZT (zidovudina).

1987 – Em 19 de abril, a FDA aprova o primeiro *kit* de teste *Western Blot*, um teste mais específico para anticorpos anti-VIH.

1987 – Em 16 de maio, o US Public Health Service acrescenta o VIH como "doença contagiosa perigosa" à lista de exclusão de imigração e à obrigação de teste prévio para a obtenção de visto.

1987 – Em julho, o Congresso dos Estados Unidos adota a Emenda Helms, que proíbe o uso de fundos federais em materiais de educação sobre VIH que "promovam ou incentivem, direta ou indiretamente, atividades homossexuais".

1987 – Em 18 de agosto, a FDA aprova o primeiro ensaio clínico de uma vacina preventiva, em 81 voluntários, na sua maioria homossexuais, não infetados.

1987 – *III International AIDS Conference*, em Washington DC.

1988 – 26 de maio, o *Surgeon General* dos EUA, Everett Koop, lança a primeira campanha coordenada de educação para o VIH/Sida, enviando 107 milhões de cópias de um folheto intitulado *Understanding AIDS* para as casas das pessoas.

1988 – *IV International AIDS Conference*, em Estocolmo.

1988 – A OMS proclama o dia 1 de dezembro como Dia Mundial da Sida.

1989 – *V International AIDS Conference*, em Montreal – *The Scientific and Social Challenge of AIDS*.

1989 – 16 de junho: os CDC emitem as primeiras orientações para a prevenção da pneumonia por *pneumocystis carinii*, uma das principais causas de morte relacionadas com a Sida.

1989 – os casos notificados de Sida nos EUA atingem os 100 000.

1990 – *VI International AIDS Conference*, em São Francisco – *AIDS in the Nineties: From Science to Policy*.

1990 – 26 de outubro: a FDA aprova o uso do AZT para a Sida pediátrica.

1991 – *VII International AIDS Conference*, em Florença – *Science Challenging AIDS*.

1991 – Abril e maio: do *Visual Aids Artists' Caucus* sai o projeto "fita vermelha", com o logotipo que se torna o símbolo internacional da solidariedade para com as pessoas que vivem com o VIH e Sida e seus cuidadores.

1991– Os CDC emitem restrições para os trabalhadores de saúde VIH positivos.

1992 – Relato de que macacos Rhesus vacinados com o SIV ou VIS (vírus da imunodeficiência símia) atenuado ficam protegidos contra a infeção, suscitando esperanças de que esta abordagem pode ser viável no desenvolvimento de idêntica vacina contra o VIH.

1992 – VIII *International AIDS Conference*, em Amestardão – *A World United Against AIDS* (originalmente prevista para se realizar em Boston, mas alterada para Amesterdão devido às restrições americanas, então em vigor, à entrada de pessoas portadoras de VIH.

1992 – Em 27 de maio a FDA aprova o *kit* de teste diagnóstico para o VIH-1 aplicável a profissionais de saúde, que dava resultados em 10 minutos.

1992 – Nos EUA, a Sida torna-se a primeira causa de morte em homens entre os 25 e os 44 anos.

1993 – IX *International AIDS Conference*, em Berlim.

1993 – O presidente Bill Clinton cria o *White House Office of National AIDS policy* (ONAP).

1993 – 7 de maio: a FDA aprova o preservativo feminino

1994 – A Sida torna-se a principal causa de morte em todos os americanos, independentemente do sexo, entre os 25 e os 44 anos de idade.

1994 – 5 de agosto: o *US Public Health Service* recomenda que se faça terapêutica antirretrovírica (no caso, o AZT) para reduzir o risco de transmissão perinatal do VIH de mãe para filho.

1994 – 23 de dezembro: a FDA aprova o primeiro teste de VIH em fluido oral.

1994 – *X International AIDS Conference*, em Yokohama – *The Global Challenge of AIDS: Together for the Future*.

1995 – David Ho é pioneiro de uma categoria de fármacos, os inibidores da protease; dá-se a introdução da terapêutica HAART (terapêutica antirretrovírica de elevada ação).

1995 – Junho: a FDA aprova o primeiro inibidor da protease, inaugurando uma nova era: a da HAART.

1995 – 27 de junho: a *National Association of People With AIDS* lança o primeiro Dia Mundial do Teste de VIH.

1995 – 6 de dezembro: o presidente Clinton acolhe a primeira Conferência da Casa Branca sobre Sida.

1995 – Encontravam-se notificados 500 000 casos de Sida nos EUA.

1996 – É criada a Iniciativa Internacional de Vacinas contra a Sida, parceria público-privada sem fins lucrativos, com o objetivo de assegurar o desenvolvimento de uma vacina eficaz contra a Sida.

1996 – 7-12 de julho: *XI International AIDS Conference*, em Vancouver – *One World One Hope*. Nela se destaca a eficácia da terapêutica HAART, o que gera uma época marcada pelo otimismo exagerado.

1996 – Relato de que uma vacina atenuada de vírus SIV causou a doença em macacos bebés, o que, em conjunto com outros dados de estudos em seres humanos, fez gorar a esperança nesta abordagem.

1996 – A FDA aprova: em 14 de maio, o primeiro teste doméstico para deteção do VIH; em 3 de junho, um teste sanguíneo da carga viral; em 21 de junho, o primeiro inibidor não nucleosido da transcriptase reversa; e em 6 de agosto, o primeiro teste urinário de VIH.

1996 – A Sida deixa de ser a primeira causa de morte nos americanos em geral entre os 25 e os 44 anos, embora continue a ser a principal causa de morte entre a população afroamericana na mesma faixa etária.

1996 – David Ho é considerado o "Homem do Ano" pela Time Magazine.

1997 – Discurso de Bill Clinton na Morgan State University, Baltimore, MD, em 18 de maio, no qual anuncia, como meta nacional, desenvolver numa década uma vacina contra a Sida. Esse dia passou a ser conhecido como o Dia Mundial da Vacina Contra a Sida.

1998 – Primeiros estudos de fase III de eficácia de uma vacina contra a Sida (AIDSVAX), pela VaxGen.

1998 – 24 de abril: os CDC emitem as primeiras diretrizes nacionais americanas para o tratamento com terapêutica antirretrovírica para adultos e adolescentes com VIH.

1998 – 28 de junho a 3 de julho: *XII International AIDS Conference*, em Genebra – *Bridging the Gap*.

1999 – 19 de julho: Bill Clinton anuncia a criação da Iniciativa de Liderança e Investimento na Luta contra uma Epidemia (LIFE), com vista a atribuir fundos dirigidos à epidemia global de Sida.

1999 – A OMS anuncia que a Sida se tornou a 4ª maior causa de morte em todo o mundo e a primeira em África.

2000 – 10 de janeiro: o Conselho de Segurança das Nações Unidas discute pela primeira vez um problema de saúde (a Sida) como uma ameaça à paz e à segurança, em especial no continente africano.

2000 – 30 de abril: Bill Clinton declara o VIH/Sida como uma ameaça à segurança nacional dos EUA.

2000 – 10 de maio: Bill Clinton emite um decreto destinado a ajudar os países em desenvolvimento na importação e produção de medicamentos genéricos para o VIH/Sida.

2000 – 9 a14 de julho: *XIII International AIDS Conference*, em Durban –- *Breaking the Silence*. Dessa Conferência sai a Declaração de Durban.

2000 – Em julho, ONUSIDA e OMS, e grupos ligados à saúde, anunciam uma iniciativa conjunta com os cinco maiores fabricantes de produtos farmacêuticos, destinada a negociar uma redução de preços dos medicamentos antirretrovíricos nos países em desenvolvimento.

2000 – 23 de julho: a Cimeira dos G8 emite uma declaração reconhecendo a necessidade de um esforço financeiro acrescido para o combate ao VIH e Sida.

2000 – 6 a 8 de setembro: a Assembleia Geral das Nações Unidas adota os *"Objetivos para o Desenvolvimento no Milénio"*, em que um dos objetivos é a reversão do VIH, da malária e da tuberculose.

2001 – 18 de maio: primeira comemoração do "Dia Mundial da Vacina do VIH".

2001 – 25-a 27 de junho: a Assembleia Geral da ONU realiza a primeira Sessão Especial sobre Sida (UNGASS) e emite a Declaração de Compromisso da UNGASS e o Código de Práticas da OMT (Organização Mundial do Trabalho) para o VIH/Sida no Local de Trabalho.

2001 – Depois do acordo dos fabricantes de fármacos genéricos para produzirem formas genéricas de fármacos anti VIH/Sida mais baratas nos países em desenvolvimento, alguns dos principais fabricantes de medicamentos concordaram em reduzir o preço dos fármacos de marca nesses países.

2001 – Os CDC anunciam um novo Plano Estratégico de Prevenção do VIH, com o objetivo de em cinco anos reduzir para metade as novas infeções por VIH.

2002 – O VIH é a principal causa de morte a nível mundial entre os 15 e os 59 anos de idade.

2002 – 7 de novembro: a FDA aprova o primeiro teste rápido por picada do dedo, o qual garante uma precisão de 99.6%, com resultados conhecidos em cerca de 20 minutos.

2002 – 7 a14 de julho: *XIV International AIDS Conference*, em Barcelona – *Knowledge and Commitment for Action*.

2002 – Em todo o mundo, dez milhões de jovens entre os 15 e os 24 anos e quase três milhões de crianças com menos de 15 anos vivem com o VIH.

2002 – Os efeitos secundários e o aumento das resistências à terapêutica HAART põem em causa a estratégia *"hit early, hit hard"*.

2002 – 1 de dezembro: a OMS anuncia a estratégia "Iniciativa Três por Cinco" (*"3 by 5 initiative"*), destinada a levar o tratamento a três milhões de pessoas até 2005.

2003 – 24 de fevereiro: os dados preliminares de dois estudos de fase III da VaxGen, empresa de biotecnologia de São Francisco, revelam que a AIDSVAX não é eficaz.

2004 – Janeiro: o Congresso dos Estados Unidos aprova os primeiros 350 milhões de dólares para o PEPFAR (*United States President's Emergency Program for AIDS Relief*).

2004 – Fevereiro: a ONUSIDA promove a Coligação Global para as Mulheres e a Sida (*The Global Coalition on Women and AIDS*), destinada a aumentar em todo o mundo a visibilidade do impacto da epidemia nas mulheres e raparigas.

2004 – 24 de março: a FDA aprova um *kit* de teste diagnóstico rápido, com amostra de fluido oral, o qual fornece resultado em cerca de 20 minutos.

2004 – 17 de maio: a FDA com o financiamento do PEPFAR emite um documento-guia para a aprovação acelerada de terapêuticas anti-VIH combinadas, com fármacos de alta qualidade, a baixo custo, seguras e eficazes, destinadas a África e países em desenvolvimento.

2004 – 10 de junho: a Cimeira dos G8 apela à criação de um Consórcio Global para a Vacina do VIH, a constituir por governos e grupos do setor privado, para coordenar e acelerar os esforços de investigação para encontrar uma vacina eficaz contra o VIH.

2004 – 11 a 16 de julho: *XV International AIDS Conference*, em Banguecoque – *Access for All*.

2005 – 2 de junho: a Assembleia Geral das Nações Unidas em Reunião de Alto Nível sobre VIH/Sida analisa os progressos sobre as metas estabelecidas em 2001 na UNGASS (Declaração de Compromisso sobre o VIH/Sida).

2005 – 6 a 8 de julho: a Cimeira dos G8 concentra-se no desenvolvimento em África, incluindo a questão do VIH/Sida.

2005-2011 – O tratamento como meio de prevenção.

2006 – 10 de março: comemora-se nos EUA, pela primeira vez, o "Dia Nacional da Consciencialização das Mulheres e Raparigas para o VIH/Sida".

2006 – 31 de maio: a OMS realiza uma reunião de avaliação dos progressos na implementação da Declaração de Compromisso sobre VIH/Sida e emite o respetivo Relatório.

2006 – 5 de junho: completam-se 25 anos sobre a notificação dos primeiros casos de Sida.

2006 – 13 a 18 de agosto: *XVI International AIDS Conference*, em Toronto – *Time to Deliver*.

2006 – 22 de setembro: os CDC recomendam o rastreio de rotina do VIH nos serviços de saúde nos Estados Unidos para todas as pessoas entre os 13 e os 64 anos e a triagem anual para as pessoas em alto risco.

2007 – 30 de maio: as novas *guidelines* da OMS e da ONUSIDA recomendam o rastreio de rotina do VIH em *settings* de saúde.

2007 – Outubro: os CDC lançam a campanha "Prevenir é Cuidar" (*Prevention IS Care- PIC*), destinada aos profissionais de saúde que tratam de pessoas com VIH.

2008 – 31 de julho: o presidente George W. Bush promulga legislação que prolonga a vigência do PEPFAR por mais cinco anos, até um limite orçamental de 48 mil milhões de dólares. O documento continha uma cláusula que aliviava a proibição geral de entrada de viajantes seropositivos e conferia ao *US Department of Health and Human Services* a autoridade para deixar entrar pessoas VIH positivas baseado numa análise caso a caso.

2008 – 3 a 8 de agosto: *XVII International AIDS Conference*, na Cidade do México – *Universal Action Now*.

2009 – O presidente Obama faz apelo ao desenvolvimento de uma Estratégia Nacional para o VIH/Sida.

2009 – Constata-se que a taxa de prevalência de VIH em Washington DC é mais elevada (3%) do que na África Ocidental, o que leva a considerar estar-se perante uma "epidemia grave e generalizada".

2009 – 30 de outubro: o presidente Obama anuncia que a sua Administração vai levantar a proibição da entrada a viajantes e imigrantes portadores de VIH a partir de janeiro de 2010. Esta decisão permitiria que a *International AIDS Conference* pudesse voltar a realizar-se nos EUA, em Washington DC, 20 anos depois da *I International AIDS Conference*, realizada em Atlanta (GE).

2009 – 24 de novembro: a ONUSIDA relata que se deu um acentuado declínio (-17%) da taxa de incidência do VIH na década, embora tenha ocorrido um acentuado aumento (+25%) na Ásia Oriental.

2009 – 3 de dezembro: publicação dos resultados do Ensaio RV 144, com 16 mil participantes, realizado na Tailândia. A eficácia foi de 31,2% no grupo vacinado (Rerks-Ngarm, 2009).

2010 – 4 de janeiro: o governo dos EUA levanta oficialmente a proibição de entrada a viajantes e imigrantes com VIH.

2010 – 13 de julho: Obama apresenta a primeira Estratégia Nacional para o VIH/Sida (*National AIDS Strategy - NHAS*).

2010 – Aprovado o primeiro teste diagnóstico do VIH que deteta simultaneamente antigénios e anticorpos.

2010 – 18 a 23 de julho: *XVIII International AIDS Conference*, em Viena – *Rights Here, Right Now*.

2010 – Quimioprofilaxia pré-exposição (PrEP) para prevenção do VIH em homens que têm sexo com homens (Grant et al., 2010). Este estudo, chamado iPrEx, mostrou uma eficácia de 44%, que apoia o conceito de *Profilaxia Pré-Exposição*.

2010 – 19 de julho: comunicados os resultados do estudo CAPRISA 004 – Centro de Estudos de Programas de Investigação sobre Sida da África do Sul, estudo que avaliava o efeito de microbicidas vaginais na redução do risco de transmissão do VIH às mulheres. Verificou-se uma eficácia de 39% na redução de novas infeções (Karim et al., 2010).

2010 – OMS, ONUSIDA e UNICEF publicam o relatório conjunto anual sobre o Acesso Universal nos países em desenvolvimento, de onde consta que, em 2009, 5.25 milhões de pessoas receberam terapêutica antirretrovírica e que em 2010 se calculava que 1.2 milhões começariam o tratamento – o maior aumento anual registado.

2010 – O NAF (Fundo Nacional para a Sida) e a AIDS Action fundem-se para formar a AIDS United.

2010 – 20 a 22 de setembro: a ONU reúne uma cimeira para acelerar os progressos nos *Objetivos do Milénio para o Desenvolvimento 2015* (UNAIDS, 2010).

2011 – 28 de janeiro: os CDC emitem um Guia Intercalar para a profilaxia pré-exposição (PrEP) em homens que têm sexo com homens.

2011 – 10 de junho: a Assembleia Geral das Nações Unidas adota a Declaração Política sobre VIH/Sida: "intensificar os esforços para a eliminação do VIH".

2011 – 13 de junho: A Casa Branca publica a "Estratégia Nacional para o VIH/Sida: atualização do plano de implementação" (*National HIV/AIDS Strategy: implementation plan update*).

2011 – 8 de novembro: a Secretária de Estado americana, Hillary Clinton, transmite uma nova ideia de força do governo dos EUA no sentido de "criar uma geração sem Sida".

2011 – Quimioprofilaxia pré-exposição (PrEP) com antirretrovíricos orais para redução do risco de infeção por VIH em homens e mulheres heterossexuais. A PrEP reduz em cerca de 96% o risco de transmissão do VIH em casais estáveis fiéis serodiscordantes (Cohen et al., 2011).

2011 – A ONUSIDA desaconselha a expressão "VIH/Sida", por ser geradora de confusão, propondo o uso separado de cada um dos termos.

2011 – 23 de dezembro: a revista Science escolhe como título de capa o estudo HPTN 052 "*Breakthrough of the Year. HIV Treatment as Prevention*" (descoberta do ano: o tratamento como prevenção do VIH) (UNAIDS, 2010a).

2012 – A FDA aprova o primeiro teste rápido doméstico em fluido oral.

2012 – As *guidelines* do DHHS (*Department of Health and Human Services*) e da IAS-USA (*International AIDS Society-USA*) recomendam o tratamento a todas as pessoas infetadas com VIH, independentemente da contagem dos CD4+.

2012 – A FDA aprova o Truvada® (emtricitabina-tenofovir disoproxil fumarato) para a redução do risco de infeção VIH em pessoas não infetadas em alto risco, tornando-se no primeiro tratamento aprovado na profilaxia pré-exposição.

2012 – 22 a 27 de julho: *XIX International AIDS Conference*, em Washington DC – *Turning the Tide Together*.

2012 – 10 de agosto: Os CDC emitem um Guia Intercalar para os médicos tendo em conta a prescrição de profilaxia por PrEP em adultos heterossexualmente ativos.

2012 – A ONUSIDA anuncia que se deu um decréscimo de 50% das novas infeções em 25 países subdesenvolvidos ou em vias de desenvolvimento e um aumento do número de pessoas em terapêutica antirretrovírica (cerca de 9 milhões).

2013 – A notícia da cura funcional de uma recém-nascida VIH positiva no Mississípi veio fazer renascer a esperança na terapêutica antirretrovírica precoce e na cura do VIH.

2013 – O ensaio clínico HVTN-505 para testagem de uma nova vacina foi cancelado por falta de eficácia.

2013 – O ensaio clínico VOICE mostra que a terapêutica antirretrovírica em profilaxia pré-exposição falha por falta de adesão, a qual constitui o maior contratempo na investigação biomédica.

2013 – A *US Preventive Services Task Force* recomenda o teste de VIH universal.

2013 – 14 de junho: Os CDC atualizam o Guia Intercalar para a PrEP em usuários de drogas injetáveis.

2014 – 22 de julho: na *XX International AIDS Conference*, em Melbourne, a Drª Deborah Persaud, investigadora principal do caso da "bébé do Mississipi", comunica que o VIH havia reaparecido, sendo idêntico ao que tinha desaparecido 27 meses antes e 98% semelhante ao VIH da mãe.

17.2. O VIH na Europa

1984 – Lançado o HIV/AIDS Surveillance in Europe, como Centro Europeu para a Monitorização Epidemiológica da Sida.

1999 – O HIV Surveillance in Europe passa a designar-se *EuroHIV*.

2001 – É criada a rede *European Surveillance of Sexually Transmitted Infections* (ESSTI).

2004 – 23 e 24 de fevereiro: Declaração de Dublin (*Declaration on Partnership to Fight HIV/AIDS in Europe and Central Asia*).

2004 – 16 e 17 de setembro: Declaração de Vilnius (*Declaration on Measures to Strengthen Responses to HIV/AIDS in the European Union and in Neighbouring Countries*).

2005 – 15 de dezembro: a Comissão das Comunidades Europeias emite a Comunicação da Comissão ao Conselho e ao Parlamento Europeu relativa à luta contra o VIH e Sida na União Europeia e nos países vizinhos, 2006-2009.

2007 – 13 de março: Declaração de Bremen (*Declaration on Responsibility and Partnership – together against HIV/AIDS*).

2008 – Substituindo o *EuroHIV*, a partir de janeiro surge a coordenação conjunta do ECDC e do Departamento Regional da OMS para a Europa (*WHO Regional Office for Europe*) da vigilância epidemiológica do VIH/Sida na Europa, assegurando uma elevada qualidade dos dados da vigilância em 53 países da Região europeia (*The European Surveillance System - TESSy*). A 1 de dezembro de cada ano é publicado o relatório de vigilância do VIH e Sida.

2008 – 18 de setembro: celebra-se nos EUA pela primeira vez o Dia Nacional da Consciencialização para o VIH e Sida e o Envelhecimento.

2008 – 27 de setembro: celebra-se nos EUA pela primeira vez o Dia Nacional da Consciencialização para o VIH e Sida em Homens Gay.

2009 – em janeiro, a ECDC assume a responsabilidade pela coordenação do reforço da vigilância das IST nos países da União Europeia e da EFTA, cobrindo quer a vigilância epidemiológica quer a microbiológica.

2009 – Num *Meeting* de Peritos de Vigilância Comportamental, realizado em Montreux, na Suíça, em 12 e 13 de fevereiro, com estudiosos de várias organizações internacionais (ECDC, EMCDDA, WHO e ONUSIDA) foram debatidos e revistos os indicadores comportamentais e biológicos a propor para cada tipo de população e aconselhados os indicadores prioritários. O esboço de resolução foi enviado aos pontos de contacto nacionais para validação. Responderam ao questionário 31 países e três não deram resposta (Bulgária, Roménia e Portugal).

2009 – 26 de outubro: Comissão das Comunidades Europeias: *Communication from the Commission to the European Parliament, the Council, the European Economic and Social Committee and the Committee of the Regions: Combating HIV/AIDS in the European Union and neighbouring countries,* 2009-2013. Os objetivos gerais desta Comunicação eram: contribuir para a redução das novas infeções nos países europeus até 2013; melhorar o acesso à prevenção, tratamento e apoio; e melhorar a qualidade de vida das pessoas que vivem com, estão afetadas por, ou são mais vulneráveis ao VIH e Sida na União Europeia e países vizinhos.

2011- *WHO/OMS. European Action Plan for HIV/AIDS 2012-2015.*

O Plano de Ação está ancorado nos seguintes princípios orientadores: equidade em saúde; participação comunitária; direitos humanos; políticas orientadas pela evidência científica e abordagens éticas de saúde pública. Está estruturado em torno de quatro direções estratégicas: otimizar os *outcomes* de prevenção, diagnóstico, tratamento e cuidados do VIH; alavancar resultados de saúde mais amplos através de respostas ao VIH; construir sistemas fortes e sustentáveis; e reduzir a vulnerabilidade e remover barreiras estruturais ao acesso aos serviços (abordando os determinantes sociais da saúde). Na Região Europeia da OMS, o Plano põe em ação quer a Estratégia da ONUSIDA para 2011-2015, quer a Estratégia Global da OMS para o VIH e Sida 2011-2015. E é coerente com a Comunicação da Comissão Europeia sobre VIH/Sida 2009-2013.

2014 – 14 de março: Plano de Ação sobre VIH/Sida na União Europeia e Países Limítrofes 2014-2016 / *Action Plan on HIV/AIDS in the EU and Neighbouring Countries 2014-2016,* do *Commission Staff Working Document.* A infeção VIH continua a constituir um problema da maior importância na UE e nos países vizinhos. Ao contrário da tendência global, que mostra um declínio geral da incidência, o número de novas infeções na Europa está a aumentar.

17.3. O VIH e a Sida em Portugal

1983 – Junho: primeiros registos de casos em Portugal.

1983 – *Correio da Manhã* usa o acrónimo "SIDA", entre aspas, como nome da nova doença.

1985 – Constituição do Grupo de Trabalho da Sida; é criado o sistema de notificação de casos de VIH/Sida. O acrónimo SIDA começa a surgir como nome comum sob a forma "Sida".

1986 – 5 de maio: determinadas as medidas de profilaxia da Sida nos centros de hemodiálise, de histocompatibilidade e de transplantação (Despacho nº 11/86 do Ministério da Saúde).

1986 – 18 de julho: publicada na revista *Science* a descoberta do VIH-2, com a colaboração da doutora Odette Ferreira.

1986 – Correio *da Manhã*, 12 de dezembro: *"As chuvas que caem sobre a Terra poderão ser veículo de transporte do vírus da SIDA"*.

1987 – Comparticipação a 100% da medicação antirretrovírica.

1987 – Legislação que determina medidas específicas para a prevenção da propagação da Sida entre os toxicómanos (Resolução do Conselho de Ministros nº 23/87, de 21 de abril). O Instituto Nacional de Saúde Dr. Ricardo Jorge é o laboratório central de referência para a Sida.

1989 – As designações oficiais *"LAV"* e *"HTLV*-III" são substituídas pela designação *"VIH, tipos 1 e 2"* (Despacho nº 30/89, Ministério da Saúde, de 26 de agosto).

1990 – Criação da Comissão Nacional de Luta Contra a Sida, com competência na "implementação de ações de luta contra a Sida nas suas múltiplas vertentes – preventiva, educativa, assistencial, de investigação, de aconselhamento e de acompanhamento" (Despacho nº 5/90, Ministério da Saúde, de 13 de abril).

1990 – As mortes causadas por Sida passam a integrar o grupo de causas de óbitos cuja comunicação é obrigatória à Direção-Geral dos Cuidados de Saúde Primários.

1991 – Notificação à Comissão Nacional de Luta Contra a SIDA de todos os casos de infeção pelo VIH (Despacho nº 14/91, Ministro da Saúde, de 19 de julho).

1991 – Aprovado o Regulamento sobre Transfusão de Sangue (Despacho nº 19/91, Ministério da Saúde, de 12 de setembro).

1992 – Criado um grupo de trabalho para proceder à análise dos problemas suscitados pela Associação Portuguesa de Hemofílicos, e para averiguar as condições em que os estabelecimentos de saúde efetuam os testes de Sida nas unidades onde se procede a transfusões de sangue (Despacho do ministro da Saúde, de 24 de janeiro).

1992 – Isenção de taxa moderadora de acesso aos serviços de saúde para os seropositivos e doentes com Sida (Decreto-lei nº 54/92, de 11 de abril).

1992 – Criação do Prémio para Trabalhos de Jornalismo sobre a Sida, e respetivo regulamento, a atribuir anualmente no âmbito das comemorações do Dia Mundial da Sida (Despacho nº 17/92, do ministro da Saúde, de 15 de outubro.

1993 – Introdução do Programa de Troca de Seringas.

1994 – 25% do produto dos resultados líquidos do "Joker" passam a ser consagrados ao apoio a ações coordenadas pela Comissão Nacional de Luta Contra a Sida (Despacho conjunto, de 20 de julho).

1995 – É reconhecida oficialmente a Fundação Portuguesa "A comunidade contra a SIDA" (Portaria nº 21/95, II Série, de 14 de janeiro).

1995 – É aprovado o Código Penal, que, no seu artº. 283º, tipifica como crime, punido com pena de prisão de 1 a 8 anos, a propagação de doença contagiosa de modo a criar perigo para a vida ou perigo grave para a integridade física de outrem. Se este perigo for criado por negligência, o agente é punido com pena de prisão até 5 anos (Decreto-lei nº 48/95, de 15 de março).

1996 – É assegurada a gratuitidade dos medicamentos antirretrovirais e são publicadas as Recomendações da Comissão Nacional de Luta contra a Sida para o Tratamento Antirretrovírico (Despacho nº 280/96, da ministra da Saúde, de 12 de outubro).

1996 – É assinado o Protocolo entre a Comissão Nacional de Luta Contra a SIDA e o Programa de Promoção e Educação para a Saúde, destinado a desenvolver, estimular e apoiar ações de educação para a prevenção da infeção VIH/Sida junto dos conselhos diretivos, professores, pessoal não docente, alunos e encarregados de educação (Aviso, Ministério da Saúde, de 14 de outubro).

1997- Uma vez que a lei portuguesa não exclui a emissão do atestado de robustez física e psíquica, o Parecer nº 26/95 da Procuradoria-Geral da República, de 24 de abril, conclui que "releva da apreciação médica, através do respetivo atestado, avaliar se os indivíduos portadores de VIH dispõem ou não de robustez física e psíquica necessária ao exercício das funções a que se candidatam".

1997 – 18 de novembro: reconhecimento público da chamada "rede social" que inclui ações destinadas a pessoas afetadas pela toxicodependência e pelo vírus VIH (Resolução do Conselho de Ministros nº 197/97).

1998 – 14 de janeiro: abre no Centro de Saúde da Lapa, em Lisboa, o primeiro Centro de Rastreio Anónimo da Infeção VIH, confidencial e gratuito, para despistagem do vírus.

1998 – A Lei nº 65/98, de 2 de setembro vem alterar o Código Penal agravando em metade as penas para os crimes de transmissão do VIH e de formas de hepatite que criem perigo para a vida, suicídio ou morte da vítima.

1998 – 1 de dezembro: é comemorado pela primeira vez o Dia Mundial da Luta Contra a Sida, com um megaconcerto no Pavilhão Multiusos de Lisboa.

1999 – É criado na Universidade de Coimbra o grau de mestre em Síndrome de Imunodeficiência Adquirida: da Prevenção à Terapêutica (Despacho nº 15290/99, Universidade de Coimbra).

1999 – A Lei nº 170/99 aprova medidas de combate à propagação de doenças infeto-contagiosas em meio prisional (Lei nº 170/99, de 18 de setembro).

2001 – O Preâmbulo do Decreto Regulamentar nº 6/2001, de 5 de maio, prevê que a Sida possa vir a ser considerada como doença profissional se se verificar seroconversão no período de um ano a partir da data da exposição acidental.

2001 – Aprovado o Manual de Boas Práticas de Hemodiálise, que contém uma lista das doenças transmissíveis (hepatites A e B e Sida) (Despacho nº 14391/2001, da ministra da Saúde, de 10 de julho.

2001 – Reconhecido aos cidadãos estrangeiros residentes em Portugal o direito de acederem, em igualdade tratamento com os beneficiários do SNS, aos cuidados de saúde e assistência medicamentosa (Despacho 25360/2001, do ministro da Saúde, de 12 de dezembro).

2002 – Criação da Rede Nacional de Centros de Aconselhamento e Deteção (CAD).

2003 – A 30 de julho, Portugal ratifica o Acordo de Cooperação entre os Estados membros da CPLP sobre o combate ao VIH/Sida, assinado em Brasília em 30 de julho de 2002 (Decreto nº 36/2003, de 30 de julho).

2003 – Os doentes com Sida e seropositivos ficam isentos do pagamento de taxas moderadoras (Decreto-lei nº 173/2003, de 1 de agosto).

2004 – Plano Nacional de Saúde 2004-2010: quatro programas verticais são considerados prioritários, um dos quais o Programa Nacional de Prevenção e Controlo da Infeção VIH/Sida. (Decreto-lei nº 91/2010 de 22 de julho).

2004 – Criada a Comissão Toxicodependência e Sida em Meio Prisional (Despacho conjunto, nº 421/2004, ministros da Justiça e da saúde, 13 de julho).

2004 – Circular Normativa sobre Gravidez e VIH (CN Nº 1/DSMIA – Gravidez e vírus da imunodeficiência humana, Lisboa. DGS, 2004), sendo a serologia do VIH recomendada às grávidas desde 1998.

2005 – A infeção VIH e a Sida são incluídas nas patologias de notificação obrigatória (Portaria nº 103/2005, de 25 de janeiro, revogada e alterada pela Portaria nº 258/2005, de 16 de março).

2005 – Criada a Coordenação Nacional para a Infeção VIH/Sida, que sucede à Comissão Nacional de Luta Contra a Sida.

2007 – Adotadas medidas de combate à propagação de doenças infetocontagiosas em meio prisional (Lei nº 3/2007, de 16 de janeiro).

2007 – Aprovado o Regulamento do Programa Específico de Trocas de Seringas (Despacho nº 22144/2007, ministros da Justiça e da Saúde, de 21 de setembro.

2007 – Criado o Conselho Nacional para a Infeção VIH/Sida – instrumento de coordenação e acompanhamento das políticas públicas de prevenção e controlo da infeção VIH setorialmente desenvolvidas (Despacho nº 27504/2007, ministro da Saúde, de 7 de dezembro).

2007 – Aprovado o Regulamento para o Financiamento de Projetos e Ações no âmbito do Programa Nacional de Prevenção e Controlo da Infeção VIH/Sida – Programa ADIS (Portaria nº 1584/2007, de 13 de dezembro).

2008 – Criado o Programa CUIDA-TE e respetivo Regulamento (Portaria nº 655/2008, de 25 de julho).

2009 – Alterados os Estatutos das Instituições Particulares de Solidariedade Social ligadas ao VIH/Sida: GADS, POSITIVO, Fundação Portuguesa A Comunidade Contra a Sida.

2009 – Estabelecido o regime de aplicação da educação sexual em meio escolar (Lei nº 60/2009, de 6 de agosto).

2009 – Alargado o âmbito do Conselho Nacional para a Infeção VIH/Sida (Despacho nº 19935/2009, dos ministros dos Negócios Estrangeiros, da Defesa Nacional, da Administração Interna, da Justiça, da Economia e da Inovação, do Trabalho e da Solidariedade Social, da Saúde, da Educação e da Ciência, Tecnologia e Ensino Superior, de 2 de setembro).

2009 – Criado o Fórum Nacional da Sociedade Civil para o VIH/Sida (Despacho nº 22811/2009, da ministra da Saúde, de 15 de outubro).

2009 – Portugal ocupa o 3º lugar entre os países da Europa Ocidental com maior incidência de VIH.

2010 – Alterado o Estatuto da "Abraço", Instituição Particular de Solidariedade Social ligada ao VIH/Sida.

2010 – 5 de julho: Recomendação da Assembleia da República ao governo para que sejam tomadas medidas que visem combater a discriminação dos homossexuais e bissexuais nos serviços de recolha de sangue (Resolução da A.R. nº 39/2010).

2010 – 26 de outubro: é alargado aos utentes infetados com VIH o Programa Nacional de Promoção da Saúde Oral (Despacho nº 16159/2010, do secretário de Estado Adjunto e da Saúde).

2010 – Nº de casos acumulados em 31 de dezembro: total – 16370 de Sida, sendo 513 por VIH-2 e 212 por VIH-1+VIH-2.

2011- 29 de dezembro: são extintas as Coordenações Nacionais dos Programas Verticais de Saúde (sendo um deles o Programa Nacional de Prevenção e Controlo do VIH/SIDA), que passam a ser coordenados pela Direção-Geral da Saúde (DGS) (Decreto-lei nº 124/2011).

2011 – 29 de dezembro: Recomendação da Assembleia da República ao governo para que este adote medidas tendentes ao combate à infeção por VIH/Sida em Portugal, com vista à sua erradicação (Resolução da A. R. nº 161/2011).

2012 – 13 de janeiro: o Programa Nacional para a Infeção VIH/Sida constitui um dos oito programas de saúde prioritários a desenvolver pela DGS, tendo cada um deles um diretor (Despacho nº 404/2012, do secretário de Estado da Saúde).

2012 – 20 de abril: nomeado Diretor do Programa Nacional para a Infeção VIH/Sida o Dr. António Diniz (Despacho nº 5422/2012, da Direção-Geral da Saúde).

2012 – 17 de maio: são estabelecidas regras específicas para a dispensa de terapêuticas com antirretrovíricos às pessoas que vivem com VIH e Sida e adequada utilização do sistema informático SI.VIDA – Sistema de Informação para a Infeção VIH/Sida (Despacho nº 6716/2012, D.R. nº 96, Série II).

2012 – A DGS publica as *Recomendações Portuguesas para o Tratamento da Infeção por VIH-1 e VIH-2*.

2012 – 5 de setembro: é publicado o "Programa Nacional para a Infeção VIH/SIDA, 2012-2016: orientações programáticas", a cargo da Direção-Geral da Saúde.

2013 – Maio: é publicado o "Programa Nacional de Saúde, 2012-2016, versão resumida", que inclui o indicador "mortalidade por Sida antes dos 65 anos (por 100 000 habitantes) ", com uma meta de 3.1 até 2016 (contra 9.9 em 2001 e 6.2 em 2009).

2013 – De 22 a 29 de novembro, Portugal participou na Semana Europeia do Teste de VIH, na qual se estabelece que os serviços de testagem e aconselhamento de VIH deverão ser continuamente promovidos e estar acessíveis a todos, para garantir o diagnóstico precoce, a articulação de cuidados e o início do tratamento. A OMS / Europa apoia a iniciativa da União Europeia de 2013, no sentido de tornar as pessoas mais conscientes do seu *status* relativamente ao VIH e reduzir o diagnóstico tardio, comunicando os benefícios do teste.

18. Considerações finais

Trinta anos decorridos sobre o início conhecido dos primeiros casos de doença em Portugal e da data da descoberta do VIH, o VIH e a Sida continuam a fazer o seu caminho. De início confinada apenas, aparentemente, ao universo homossexual masculino e suas redes de contactos, a infeção atingiu sucessivamente bissexuais, consumidores de drogas injetáveis, heterossexuais, hemofílicos sujeitos a transfusões de fator VIII e, por fim, os fetos de grávidas seropositivas. Pela sua maior representatividade relativa na população geral, os heterossexuais são hoje os mais atingidos em número absoluto, mas têm uma taxa de infeção relativamente baixa, comparada com os grupos restantes. Isto tem induzido em erro ou tem ampliado o estado de negação dos homens que têm sexo com homens (homo e bissexuais), os quais não só negligenciam a mudança dos seus comportamentos de risco, como, inclusive, os agravam. E se é certo que a taxa de novos infetados está relativamente estabilizada entre os heterossexuais e foi dramaticamente reduzida nos consumidores de drogas injetáveis, tem subido de forma preocupante no grupo dos homens que têm sexo com homens.

As terapêuticas antirretrovíricas tornaram a doença crónica, alargando em vários anos o tempo de sobrevida, o suficiente para tornar menos percetível, e logo menos assustadora, a evolução fatal. De início, o espanto e o medo causado por uma doença nova rapidamente mortal, que atingia sucessivas figuras públicas, das artes, do desporto e dos espetáculos, levaram as pessoas e grupos de maior risco a usar de contenção e prudência. Na verdade, o caso do Zimbabué parece apontar para que, mais do que as campanhas, sejam o espanto e o medo os verdadeiros responsáveis pela melhoria dramática do estado da epidemia.

Seja qual for a evolução na área do tratamento, a modificação dos comportamentos continua a ser a estratégia prioritária. Mas é pouco provável que a modificação dos comportamentos possa ocorrer sem uma profunda revisão das estratégias seguidas até hoje. As mensagens preventivas têm sido ambíguas, demasiado brandas, eufemísticas e complacentes. E a crença na resolução da epidemia através da medicação antirretrovírica precoce pode ser mais um fator, a juntar a tantos outros, que leve à negligência dos comportamentos preventivos.

Bibliografia

AIDS.gov. s/d. *A Timeline of AIDS. Timeline highlights milestones of "30 Years of AIDS"*. U.S. Department of Health and Human Services. Disponível em: http://aids.gov/hiv-aids-basics/hiv-aids-101/aids-timeline/. Acedido em 5 de junho de 2013.

AIDSCOM. s/d. *Lessons Learned: AIDS Prevention in Africa*: Disponível em: http://pdf.usaid.gov/pdf_docs/PNABQ409.pdf. Acedido em 15 de maio de 2014.

Altman, L. K. 1981. *Rare cancer seen in 41 homosexuals*. The New York Times, 3 julho.

Amaro, F., Frazão, C., Pereira, E. e Cunha-Teles, L. 2004. HIV/AIDS risk perception, attitudes and sexual behaviour in Portugal, *International Journal of STD & AIDS*, 2004; 15: 56-60.

APEG Saúde. 2014. Professor Jorge Torgal Garcia. Disponível em:http://www.apegsaude.org/Aconteceu/2010/JorgeTorgal/tabid/330/language/pt-PT/Default.aspx. Acedido em 3 de setembro de 2014.

AVERT. 2013. HIV prevention strategies. Disponível em: http://www.avert.org/abc-hiv-prevention.htm#footnote9_cz27l83. Acedido em 15 de maio de 2014.

Aviso, Ministério da Saúde, de 14 de outubro de 1996, D.R. nº 238, II Série.

Baeten J.M., Donnell D., Ndase P., et al. 2012. Antiretroviral prophylaxis for HIV-1 prevention in heterosexual men and women. *N Engl J Med*; **367**:399-410.

Barré-Sinoussi, F., Chermann, J-C., Rey, F., Nugeyre, M.-T., Chamatet, S., Gruest, J., Dauguet, C., Axler-Blin, C., Vézinet-Brun, C., Rouzioux, C., Rozenbaum, W. e Montagnier, L. 1983. Isolation of a T-lymphotropic retrovirus from a patient at risk for acquired immunodeficiency syndrome (AIDS). *Science*, **220**: 868-71.

Barreto, M. L., Teixeira, M. G., Bastos, Ximenes, R. A., F. I., Barata, F. I. e Rodrigues, L. C. 2011. Sucessos e Fracassos no Controle de Doenças Infecciosas no Brasil: o contexto social e ambiental, políticas, intervenções e necessidades de pesquisa. *The Lancet*, Volume 377, Issue 9780: 1877 - 1889, 28 May 2011. doi:10.1016/S0140-6736(11)60202-X

Bello, G., Simawaka, B., Ndhlovu, T., Salaniponi, F. e Hallett, T. 2011. Evidence for changes in behaviour leading to reductions in HIV prevalence in urban Malawi, *Sex Transm Infect*, 2011, **87**: 296-300.

CDC – Centers for Disease Control and Prevention. 1981. Pnemocystis Pneumonia - Los Angeles, Epidemic Notes and Reports. *MMWR*; **30** (21); 1-3.

CDC- Centers for Disease Control and Prevention. 1981. Pneumocystis Pneumonia – Los Angeles. *MMWR*; **30**: 250-252.

CDC – Centers for Disease Control and Prevention. 1982a. Epidemiologic Notes and Reports Update on Kaposi's sarcoma and Opportunistic Infections in Previously Healthy Persons. *MMWR*. **31**(22):294, 300-301.

CDC – Centers for Disease Control and Prevention. 1982b. Pnemocystis Carinii Pneumonia among persons with hemophilia A. *MMWR*, **31** (27): 365-7.

CDC – Centers for Disease Control and Prevention. 1982c. Update on Acquired Immune Deficiency Syndrome (AIDS). *MMWR*, **31**(37): 507-8; 513-4.

CDC – Centers for Disease Control and Prevention. 1982d. Acquired Immune Deficiency Syndrome (AIDS): precautions for clinical and laboratory staffs. *MMWR*, **31** (43): 577-80.

CDC – Centers for Disease Control and Prevention. 1982e. Possible Transfusion-Associated Acquired Immune Deficiency Syndrome (AIDS): California. *MMWR*, **31**(48): 652-4.

CDC – Centers for Disease Control and Prevention. 1982f. Unexplained Immunodeficiency and Opportunistic Infections in Infants - New York, New Jersey, California. *MMWR*, **31**: 665-7.

CDC – Centers for Disease Control and Prevention. 1983a. *Immunodeficiency among Female Sexual Partners of Males with Acquired Immune Deficiency Syndrome (AIDS)*. New York. *MMWR*, **31** (49): 697-8.

CDC – Centers for Disease Control and Prevention. 1983b. Acquired Immune Deficiency Syndrome (AIDS) in Prision Inmates. New York, New Jersey. *MMWR*, **31** (52): 700-1.

CDC – Centers for Disease Control and Prevention. 1998. *Guidelines for the Use of Antiretroviral Agents in HIV-1-Infected Adults and Adolescents*. Developed by the HHS Panel on Antiretroviral Guidelines for Adults and Adolescents – A Working Group of the Office of AIDS Research Advisory Council (OARAC). April.

CDC – Centers for Disease Control and Prevention. 2009. *Where did HIV Come From?* Division of HIV/AIDS Prevention. National Center for HIV/AIDS, Viral Hepatitis, STD, and TB Prevention. Atlanta.

CDC – Centers for Disease Control and Prevention. 2011. Interim Guidance: Preexposure Prophylaxis for the Prevention of HIV Infection in Men Who Have Sex with Men. *MMWR*, **60** (03):65-68.

CDC – Centers for Disease Control and Prevention. 2012. Interim Guidance for Clinicians Considering the Use of Preexposure Prophylaxis for the Prevention of HIV Infection in Heterosexually Active Adults. *MMWR*, **61**(31):586-589.

CDC – Centers for Disease Control and Prevention. 2013. Update to Interine Guidance for Preexposure Prophylaxis (PrEP) for the Prevention of HIV Infection: PrEP for Injecting Drug Users. *MMWR*, **62** (23): 463-465.

CHLN – Centro Hospitalar Lisboa Norte. 2014. *António Diniz*. Disponível em:http://www.hsm.min-saude.pt/contents/pdfs/Destaques/Dr.%20Antonio%20Diniz.pdf. Acedido em 8 de setembro de 2014.

Circular Normativa nº 35/85, de 9 de maio, da Secretaria-Geral do Ministério da Saúde.

Clavel, F., Guétard, D., Brun-Vézinet, F., Chamaret, S., Rey, M.-A., Santos-Ferreira, M. O., Laurent, A. G., Dauguet, C., Katlama, C., Rouzioux, C., Klatzmann, D., Champalimaud, J. L. e Montagnier, L. 1986. Isolation of a new retrovirus from West African patients with AIDS, *Science*, **233**: 343-346.

Clavel, F., Mansinho, K., Chamaret, S., Guétard, D., Favier, V., Nina, J., Santos-Ferreira, M. O., Champalimaud, J. L. e Montagnier. 1987. Human Immunodeficiency Virus Type 2 Infection Associated with AIDS in West Africa, *N Engl J Med* 1987; **316**:1180-1185, May 7.

CNsida – Coordenação Nacional para a Infeção VIH/Sida. 2007. *Programa Nacional de Prevenção e Controle da Infeção VIH/Sida 2007-2010*: um compromisso com o futuro. Lisboa. Ministério da Saúde.

CNLCS – Comissão Nacional de Luta Contra a Sida. 2005. *Relatório de Actividades 2003--2004*. Lisboa.

Cohen, M. S. et al. 2011. Prevention of HIV-1 Infection with Early Antiretroviral Therapy. *The New Engl J Med* **365** (6): 493-505.

Coffin, J., Haase, A., Levy, J. Montagnier, L., Oroszlan, S., Teich, N., Temin, H., Toyoshima, K., Varmus, H., Vogt, P. e Weiss, R. 1986. What to call the AIDS virus? *Nature*. **321**:10.

Cortes Martins, H. 2014. Casos de Infeção pelo vírus da imunodeficiência humana diagnosticados em Portugal em jovens dos 15 aos 24 anos, 1983-2012. Observações. *Boletim Epidemiológico*; 7 (2ª série). INSA. Lisboa.

CPLP/ UNAIDS. 2010. *Epidemia de VIH nos Países de Língua Oficial Portuguesa: situação atual e perspectivas futuras rumo ao acesso universal à prevenção, tratamento e cuidados*. Coordenação da Publicação ONUSIDA-Brasil.

Cunha-Oliveira, A..2008. *Preservativo, Sida e Saúde Pública*. Col. Ciências e Culturas. Nº 10. Vol 1.Imprensa da Universidade de Coimbra. Coimbra.

Cunha-Oliveira, A. 2009. SIDA: liberdade sexual e educação cívica. *InformaçãoSIDA*, 74: 18-20-

Cunha-Oliveira, A.; Cunha-Oliveira, J.; Massano-Cardoso, I.; Massano-Cardoso, S. 2013. A história recente do VIH/Sida em Portugal e os 30 anos de epidemia mundial. In: Ana Leonor Pereira; João Rui Pita — *Saberes e práticas em torno do adoecer da alma e do corpo*. Coimbra: Centro de Estudos Interdisciplinares do Século XX da Universidade de Coimbra (Grupo de História e Sociologia da Ciência e da Tecnologia do CEIS20). Ciências, Tecnologias e Imaginários. Estudos de História - séculos XVIII-XX, nº 9. pp. 89-96

Cunha-Oliveira, A..(2014). *VIH/Sida e Comportamentos de Risco: Monitorizar a Evolução*. Tese de Doutoramento em Ciências da Saúde. (Orientadores: Prof. Doutor Salvador Massano Cardoso e Prof. Doutor João Rui Pita). Faculdade de Medicina. Universidade de Coimbra. Coimbra.

CVEDT – Centro de Vigilância Epidemiológica das Doenças Transmissíveis. 1986. *Síndrome de Imunodeficiência Adquirida – situação em Portugal em 31 de dezembro de 1985*. Instituto Nacional de Saúde. Lisboa.

CVEDT – Centro de Vigilância Epidemiológica das Doenças Transmissíveis. 1987. *Síndrome de Imunodeficiência Adquirida – situação em Portugal em 31 de dezembro de 1986*. Instituto Nacional de Saúde. Lisboa.

CVEDT – Centro de Vigilância Epidemiológica das Doenças Transmissíveis. 1988. *Síndrome de Imunodeficiência Adquirida – situação em Portugal em 31 de dezembro de 1987*. Instituto Nacional de Saúde. Lisboa.

CVEDT – Centro de Vigilância Epidemiológica das Doenças Transmissíveis. 1989. Síndrome de Imunodeficiência Adquirida – situação em Portugal em 31 de dezembro de 1988. Instituto Nacional de Saúde. Lisboa.

CVEDT – Centro de Vigilância Epidemiológica das Doenças Transmissíveis. 1990. *Síndrome de Imunodeficiência Adquirida – situação em Portugal em 31 de dezembro de 1989*. Instituto Nacional de Saúde. Lisboa.

CVEDT – Centro de Vigilância Epidemiológica das Doenças Transmissíveis. 1991. *Síndrome de Imunodeficiência Adquirida – situação em Portugal em 31 de dezembro de 1990*. Doc. 48. Instituto Nacional de Saúde. Lisboa.

CVEDT – Centro de Vigilância Epidemiológica das Doenças Transmissíveis. 1992. *Síndrome de Imunodeficiência Adquirida – situação em Portugal em 31 de dezembro de 1991*. Doc. 58. Instituto Nacional de Saúde. Lisboa.

CVEDT – Centro de Vigilância Epidemiológica das Doenças Transmissíveis. 1993. *Síndrome de Imunodeficiência Adquirida – situação em Portugal em 31 de dezembro de 1992*. Doc. 66. Instituto Nacional de Saúde. Lisboa.

CVEDT – Centro de Vigilância Epidemiológica das Doenças Transmissíveis. 1994. *Síndrome de Imunodeficiência Adquirida – situação em Portugal em 31 de dezembro de 1993*. Doc. 74. Instituto Nacional de Saúde. Lisboa.

CVEDT – Centro de Vigilância Epidemiológica das Doenças Transmissíveis. 1995. *Síndrome de Imunodeficiência Adquirida – situação em Portugal em 31 de dezembro de 1994*. Doc. 83. Instituto Nacional de Saúde. Lisboa.

CVEDT – Centro de Vigilância Epidemiológica das Doenças Transmissíveis. 1996. *Síndrome de Imunodeficiência Adquirida – situação em Portugal em 31 de dezembro de 1995*. Doc. 91. Instituto Nacional de Saúde. Lisboa.

CVEDT – Centro de Vigilância Epidemiológica das Doenças Transmissíveis. 1997. *Síndrome de Imunodeficiência Adquirida – situação em Portugal em 31 de dezembro de 1996*. Doc. 99. Instituto Nacional de Saúde. Lisboa.

CVEDT – Centro de Vigilância Epidemiológica das Doenças Transmissíveis. 1998. *Síndrome de Imunodeficiência Adquirida – situação em Portugal em 31 de dezembro de 1997*. Doc. 107. Instituto Nacional de Saúde. Lisboa.

CVEDT – Centro de Vigilância Epidemiológica das Doenças Transmissíveis. 1999. *Síndrome de Imunodeficiência Adquirida – situação em Portugal em 31 de dezembro de 1998*. Doc. 113. Instituto Nacional de Saúde. Lisboa.

CVEDT – Centro de Vigilância Epidemiológica das Doenças Transmissíveis. 2000. *Síndrome de Imunodeficiência Adquirida – situação em Portugal em 31 de dezembro de 1999*. Doc. 119. Instituto Nacional de Saúde. Lisboa.

CVEDT – Centro de Vigilância Epidemiológica das Doenças Transmissíveis. 2001. *Síndrome de Imunodeficiência Adquirida – situação em Portugal em 31 de dezembro de 2000*. Doc. 124. Instituto Nacional de Saúde. Lisboa.

CVEDT – Centro de Vigilância Epidemiológica das Doenças Transmissíveis. 2002. *Infecção VIH/SIDA: a situação em Portugal a 31 de dezembro de 2001*. Doc. 127. Instituto Nacional de Saúde. Lisboa.

CVEDT – Centro de Vigilância Epidemiológica das Doenças Transmissíveis. 2003. *Infecção VIH/SIDA: a situação em Portugal a 31 de dezembro de 2002*. Doc. 129. Instituto Nacional de Saúde. Lisboa.

CVEDT – Centro de Vigilância Epidemiológica das Doenças Transmissíveis. 2004. *Infecção VIH/SIDA: a situação em Portugal a 31 de dezembro de 2003*. Doc. 131. Instituto Nacional de Saúde. Lisboa.

CVEDT – Centro de Vigilância Epidemiológica das Doenças Transmissíveis. 2005. *Infecção VIH/SIDA: a situação em Portugal a 31 de dezembro de 2004*. Doc. 133. Instituto Nacional de Saúde. Lisboa.

CVEDT – Centro de Vigilância Epidemiológica das Doenças Transmissíveis. 2006. *Infecção VIH/SIDA: a situação em Portugal a 31 de dezembro de 2005*. Doc. 135. Instituto Nacional de Saúde. Lisboa.

CVEDT – Centro de Vigilância Epidemiológica das Doenças Transmissíveis. 2007. *Infecção VIH/SIDA: a situação em Portugal a 31 de dezembro de 2006*. Doc. 137. Instituto Nacional de Saúde. Lisboa.

CVEDT – Centro de Vigilância Epidemiológica das Doenças Transmissíveis. 2008. *Infecção VIH/SIDA: a situação em Portugal a 31 de dezembro de 2007.* Doc. 139. Instituto Nacional de Saúde. Lisboa.

CVEDT – Centro de Vigilância Epidemiológica das Doenças Transmissíveis. 2009. *Infecção VIH/SIDA: a situação em Portugal a 31 de dezembro de 2008.* Doc. 140. Instituto Nacional de Saúde. Lisboa.

CVEDT – Centro de Vigilância Epidemiológica das Doenças Transmissíveis. 2010. *Infecção VIH/SIDA: a situação em Portugal a 31 de dezembro de 2009.* Doc. 141. Instituto Nacional de Saúde. Lisboa.

CVEDT – Centro de Vigilância Epidemiológica das Doenças Transmissíveis. 2012. *Infecção VIH/SIDA: a situação em Portugal a 31 de dezembro de 2011.* Doc. 143 Instituto Nacional de Saúde., Lisboa.

CVEDT – Centro de Vigilância Epidemiológica das Doenças Transmissíveis. 2013. *Infecção VIH/SIDA: a situação em Portugal a 31 de dezembro de 2012.* Doc. 144. Instituto Nacional de Saúde, Lisboa.

CVEDT. 2014. *Infeção VIH/SIDA: a situação em Portugal a 31 de dezembro de 2013.* Doc. 145. Centro de Vigilância Epidemiológica das Doenças. Departamento de Doenças Infeciosas. Instituto Nacional de Saúde Dr. Ricardo Jorge. Lisboa

Declaração (extrato) nº 90/2008, da Direção-Geral da Segurança Social, de 3 de outubro, D. R. nº 49, II Série.

Declaração (extrato) nº 210/2008, da Direção-Geral da Segurança Social, de 6 de dezembro, D. R. nº 112, II Série.

Decreto nº 36/2003, do Ministério dos Negócios Estrangeiros, de 30 de julho, D. R. nº 174, I Série-A.

Decreto-lei nº 54/92, de 11 de abril, D. R. nº 86, I Série-A.

Decreto-lei nº 48/95, de 15 de março, D. R. nº 63, I Série-A.

Decreto-lei nº 124/2011, de 29 de dezembro. DR, 1ª série, nº 249.

Decreto Regulamentar nº 6/2002, de 5 de maio, D. R. nº 104, I Série-B.

Despacho do ministro da Saúde, de 21 de maio, D.R. nº 116, II Série.

Despacho nº 31/89, Ministério da Saúde, de 26 de agosto, D.R. nº 196, II Série.

Despacho nº 5/90, Ministério da Saúde, de 3 de abril, D.R. nº 78, II Série.

Despacho do Diretor-Geral dos Cuidados de Saúde Primários, de 11 de maio de 1990, D. R. nº 108, II Série.

Despacho nº 14/91, do ministro da Saúde, de 19 de julho, D. R. nº 164, II Série.

Despacho do ministro da Saúde, de 24 de janeiro de 1992, D. R. nº 20, II Série.

Despacho nº 4/92, do ministro da Saúde, de 3 de abril, D. R. nº 79, II Série.

Despacho nº 280/96, da ministra da Saúde, de 12 de outubro, D. R. nº 237, II Série.

Despacho nº 15290/99, da Universidade de Coimbra, de 9 de agosto, D. R. nº 184, II Série.

Despacho nº 25360/2001, ministro da Saúde, de 12 de dezembro, D. R. nº 286, II Série.

Despacho nº 22144/2007, ministros da Justiça e da Educação, de 21 de setembro, D. R. nº 183, II Série.

Despacho nº 27504/2007, ministro da Saúde, de 7 de dezembro, D. R. nº236, II Série.

Despacho nº 404/2012, secretário de Estado Adjunto do Ministro da Saúde, de 13 de janeiro, D. R. nº 10, II Série.

Despacho nº 6716/2012, secretário de Estado da Saúde, de 17 de maio. D.R. nº 96, Série II.

Despacho Conjunto, ministros da Saúde e do Emprego e da Segurança Social, de 20 de julho de 1995, D. R. nº 166, II Série.

Despacho Conjunto nº 421/2004, dos ministros da Justiça e da Saúde, de 13 de julho, D. R. nº 163, II Série.

DGS – Direção-Geral da Saúde. 2012a. *Programa Nacional para a Infeção VIH/SIDA – Orientações Programáticas*. Lisboa, Ministério da Saúde.

DGS – Direção-Geral da Saúde. 2012b. *Recomendações Portuguesas para o Tratamento da Infeção por VIH-1 e VIH-2*. Programa Nacional para a Infeção VIH/SIDA. Lisboa.

DGS – Direção-Geral da Saúde. 2012c. Prémio Nacional de Saúde 2012. Nota de Imprensa.

DGS – Direção-Geral da Saúde. 2013. *Plano Nacional de Saúde 2012-2016*: versão resumida. Lisboa.

Duque, V. 2006. *Subtipos Circulantes e Fenómenos de Resistência Genotípica na Infecção pelo Vírus da Imunodeficiência Humana* Tipo 1, Coimbra. p. 33.

ECDC – European Centre for Diseases Prevention and Control. 2013. *HIV/AIDS surveillance in Europe 2012*. ECDC. Stockholm.

ECDC/WHO Europe - European Centre for Disease Prevention and Control/WHO Regional Office for Europe. 2008. *HIV/AIDS surveillance in Europe 2007*. Stockholm.

ECDC – European Centre for Diseases Prevention and Control/ WHO Regional Office for Europe. 2011c. *HIV/AIDS surveillance in Europe 2010*. Stockholm.

ECDC – European Centre for Diseases Prevention and Control/ WHO Regional Office for Europe (2014). *HIV/AIDS surveillance in Europe 2013*. ECDC. Stockholm.

ECDC – European Centre for Diseases Prevention and Control/ WHO Regional Office for Europe. 2014. *HIV/AIDS surveillance in Europe 2013*. ECDC. Stockholm

Eurobaromètre Spécial. 2003. *Le Sida*, Commission Européenne.

European AIDS Clinical Society. 2012. *European guidelines for treatment of HIV infected adults in Europe: version 6.1*. Paris.

Evertz, S. H. 2010. *How Ideology Trumped Science: why PEPFAR has failed to meet its potential*. Center for American Progress – The Council for Global Equality. Washington.

Fauci, A. e Morens, D. 2012. The Perpetual Challenge of Infectious Diseases. *N Engl J Med*; 366: 454-461.

FDA. 2012. Truvada for PrEP Fact Sheet: *Ensuring Safe and Proper Use*. U.S. Department of Health & Human Services / U.S. Food and Drug Administration.

Ferreira, P., Villaverde-Cabral, M. (org.), Aboim, S., Vilar, D. e Maia, M. 2010. *Sexualidades em Portugal – comportamentos e riscos*. Lisboa, Bizâncio.

FMUP – Faculdade de Medicina da Universidade do Porto. 2014. *Professor Henrique de Barros*. Disponível em: http://higiene.med.up.pt/index.php?id=pessoas&detalhes=1. Acedido em 3 de setembro de 2014.

Frieden, T. 2011a. *Media Statement*, CDC, June 2.

Frieden, T. 2011b. Commemorating 30 Years of HIV/AIDS, Out-Smart, *Houston's gay, lesbian, bi and trans magazine*, June 2, 2011.

Gao, F., Bailes, E., Robertson, D. L., Chen, Y., Rodenburg, C. M., Michael, S. F. et al. 1999. Origin of HIV-1 in the chimpanzee Pan troglodytes troglodytes. *Nature*; 4 (6718): 436-441.

Gardner, E., McLees, M., Steiner, J., Del Rio, C. e Burman, W. 2011. The Spectrum of Engagement in VIH Care and its Relevance to Test-and-Treat Strategies for Prevention of HIV Infection. *Clinical Infection Diseases*; 52(6): 793-800.

Gladwell, M. (2000). *The tipping point: how little things can make a big difference.* United States. Little Brown. ISBN 0-316-34662-4.

Grant, R. M. et al. 2010. Preexposure Chemoprophylaxis for HIV Prevention in Men Who Have Sex with Men. *N Engl J Med.* 30; 363(27): 2587– 2599. doi:10.1056/NEJMoa1011205.

Grmek, M. 1994. História da Sida. (trad. port. de GRMEK, Mirko. 1990. *Histoire du Sida.* Paris. Éditions Payot). Lisboa, Relógio D' Água, pp. 48-49.

Halperin, D., Mugurungi, O., Hallett, T., Muchini, B., Campbell, B., Magure, T., Benedikt, C. e Gregson, S. 2011. A Surprising Prevention Success: why did the HIV epidemic decline in Zimbabwe?. *PLoS Medicine*, February 2011, vol. 8, issue 2, p. 3.

INE – Instituto Nacional de Estatística. 2012.

Infopédia. 2003-2014. *Margarida Martins.* Porto Editora, Porto.

Informação SIDA e outras doenças infecciosas. 1998. 1 de Dezembro, Dia Mundial da SIDA; **11** (Ano II). Lisboa, p. 10.

Informação SIDA e outras doenças infecciosas. 1999. 1º aniversário do CRA – Centro de Rastreio Anónimo da Infecção VIH; **14** (Ano III). Lisboa. 16-20.

Informação SIDA e outras doenças infecciosas. 2003. Vamos Deixar Cair Esta Máscara, **36** (Ano VI). Lisboa, p. 32-34.

Informação SIDA e outras doenças infecciosas. 2004. Contra a SIDA. A União Faz a Força; **47** (Ano VIII). Lisboa. p. 16-17.

Informação SIDA e outras doenças infecciosas. 2004. Os Cuidados Psicoafectivos São Fulcrais no Sucesso Terapêutico; **47** (Ano VIII). Lisboa. p. 18-20.

Informação SIDA e outras doenças infecciosas. 2004. As Mulheres, as Raparigas e o VIH/SIDA; **47** (Ano VIII). Lisboa.

Informação SIDA e outras doenças infecciosas. 2005. Mulheres, Raparigas, VIH e SIDA; **48** (Ano VIII). Lisboa.

Informação SIDA e outras doenças infecciosas. 2005. Stop AIDS. Cumpra a Promessa. *InformaçãoSida*; **53** (Ano IX). Lisboa.

Informação SIDA e outras doenças infecciosas. 2007. **60** (Ano X), Lisboa.

Informação SIDA e outras doenças infecciosas. 2008. A terapêutica vista pelos doentes; **68** (Ano XII). Lisboa.

Informação SIDA e outras doenças infecciosas. 2009; **74** (Ano XIII). Lisboa.

INSA – Instituto Nacional de Saúde Dr. Ricardo Jorge. 2011. *Laura Ayres.* Disponível em: http://www.insa.pt/sites/INSA/Portugues/QuemSomos/historia/OutPerso/Paginas/LauraAyres.aspx. Acedido em 12/07/2011.

INSA – Instituto Nacional de Saúde Dr. Ricardo Jorge. 2012. *Infecção VIH/SIDA: A Situação em Portugal a 31 de Dezembro de 2011.* Documento nº 143. Instituto Nacional de Saúde Doutor Ricardo Jorge, Departamento de Doenças Infeciosas, Lisboa.

INSA – Instituto Nacional de Saúde Dr. Ricardo Jorge (2014). Observações. *Boletim Epidemiológico*; 7, 2ª série, janeiro-março, ISSN 2183-8874. Lisboa.

Kalichman, S. C. 2008. Time to take stock in HIV/AIDS prevention. *AIDS Behav*; **12**: 333-334.

Karanikolos, M., Mladovsky, P., Cylus, J., Thomson, S., Basu, S., Stuckler, D., Mackenbach, J. P. e McKee, M. 2013. Financial Crisis, Austerity, and Health in Europe, *The Lancet*; 381(9874):1323-1331. doi: 10.1016/S0140-6736(13)60102-6

Karim, Q. A., Karim, S. A., Frohlich, J. A., Grobler, A. C., Baxter, C. et al. 2010. Effectiveness and Safety of Tenofovir Gel, and Antiretroviral Microbicide, for the Prevention of HIV Infection in Women. *Science*; **392**: 1168-1174.

Keele, B. F., van Heuverswyn, F., Li, Y., Bailes, E., Takehisa, J., Santiago, M. L., Bibollet-Ruche, F. et al. 2006. Chimpanzee reservoirs of pandemic and nonpandemic HIV-1; *Science*; **313** (5786): 523-526.

KFF - KAISER FAMILY FOUNDATION. 2011. *Global HIV / AIDS Timeline*. Disponível em: http://www.kff.org/hivaids/timeline/link.cfm. Acedido em 21/07/2011.

Koop, E. 1986. *Surgeon General's Report on AIDS*.

Koop, E. 1988. *Understanding AIDS*. US Department of Health & Human Services. Centers for Disease Control. Rockville.

Kuiken, C., Foley, B., Hahn, B., Marx, P., McCutchan, F., Mellors, J. W., Mullins, J., Wolinsky, S. & Korber, B. 1999. A compilation and analysis of nucleic acid and amino acid sequences. In: *Human Retroviruses and AIDS*. Los Alamos, New Mexico: Theoretical Biology and Biophysics Group, Los Alamos National Laboratory.

Lei nº 36/96, de 29 de agosto, D.R. nº 200. I Série-A.

Lei nº 65/98, de 2 de setembro, D. R. nº 202, I Série-A.

Lei nº 170/99, de 18 de setembro, D. R. nº 219, I Série-A.

Lei nº 3/2007, de 16 de janeiro, D.R. nº 11, I Série.

Likatavicius G, van de Laar. 2012. M. HIV and AIDS in the European Union. *Euro Surveill*. 17 (48): pii=20329. Disponível em: http://www.eurosurveillance.org/ViewArticle. aspx?ArticleId=20329. Acedido em 18 de junho de 2013.

Lucas, J. S. 1987. Os Portugueses e a Sida: inquérito nacional sobre os conhecimentos, atitudes e comportamentos associados à Sida. *Revista Portuguesa de Saúde Pública*. **5** (3-4): 89-100.

Maia, M. 2010. Práticas de risco no contexto das relações homossexuais, in: Ferreira, P., Villaverde-Cabral, M. (org.); Aboim, S., Vilar, D. e Maia, M.. 2010. *Sexualidades em Portugal – comportamentos e riscos*. Lisboa. Bizâncio, pp. 387-416.

Mansergh, G., Koblin, B. A. & Sullivan, P. S. 2012. Challenges for HIV pre-exposure prophylaxis among men who have sex with men in the United States. *PLOS Medicine*; 9 (8). doi:10.1371/journal.pmed.1001286.

Marques, M. C. 2002. Saúde e Poder: a emergência política da Aids/HIV no Brasil. História, Ciência, Saúde – *Manguinhos*. Vol. 9 (supl.): 41-65, Rio de Janeiro.

Marrazzo J, Ramjee G, Nair G, et al. 2013. *Pre-exposure prophylaxis for HIV in women: daily oral tenofovir, oral tenofovir/ emtricitabine, or vaginal tenofovir gel in the VOICE Study* (MTN 003). Presented at the 20th Conference on Retroviruses and Opportunistic Infections, Atlanta, March 3–6. Abstract.

Marston, C. e KING, E. 2006. Factors that Shape Young People's Sexual Behaviour: a systematic review. *The Lancet*; **368**: 1581-1585.

Matos, M. e equipa do Projeto Aventura Social & Saúde. 2006. *A Saúde dos Adolescentes portugueses (quatro anos depois)*. Edições FMH. Lisboa.

MMRW. 1982. *Epidemiologic Notes and Reports Possible Transfusion- Associated Acquired Immune Deficiency Syndrome* (AIDS); **31**(48): 652.

MMWR. 1983. *Epidemiologic Notes and Reports Immunodeficiency among Female Sexual Partners of Males with Acquired Immune Deficiency Syndrome (AIDS)* -- New York; **31** (52): 697-698.

MMWR. 1983. *Acquired Immunodeficiency Syndrome (AIDS): Precautions for Health-Care Workers and Allied Professionals*; **32** (34): 450-451.

MMWR. 1983. *Current Trends Update: Acquired Immunodeficiency Syndrome (AIDS)* -- United States; **32** (35): 465-467.

MMWR. 1984. *Antibodies to a Retrovirus Etiologically Associated with Acquired Immunodeficiency Syndrome (AIDS) in Populations with Increased Incidences of the Syndrome*; **33** (27): 377-379.

MMWR. 1985. *Provisional Public Health Service Inter-Agency Recommendations for Screening Donated Blood and Plasma for Antibody to the Virus Causing Acquired Immunodeficiency Syndrome*; **34** (1): 1-5.

MMWR. 1985. *Current Trends Recommendations for Assisting in the Prevention of Perinatal Transmission of Human T-Lymphotropic Virus Type III/Lymphadenopathy-Associated Virus and Acquired Immunodeficiency Syndrome*; **34** (48); 721-726,731-732.

MMWR. 1989. Guidelines for Prophylaxis against Pneumocystis carinii Pneumonia for Persons Infected with Human Immunodeficiency Virus; **38** (S-5): 1-9.

MMWR. 1990. *Public Health Service statement on management of occupational exposure to human immunodeficiency virus, including considerations regarding zidovudine postexposure use*; **39** (RR01): 1-14.

MMWR. 1991. *Recommendations for Preventing Transmission of Human Immunodeficiency Virus and Hepatitis B Virus to Patients During Exposure-Prone Invasive Procedures*; **40** (RR08): 1-9.

MMWR. 1993. *Revised Classification System for HIV Infection and Expanded Surveillance Case Definition for AIDS among Adolescents and Adults*; **41** (RR-17).

MMWR. 1994. *Recommendations of the U.S. Public Health Service Task Force on the Use of Zidovudine to Reduce Perinatal Transmission of Human Immunodeficiency Virus*; **43** (RR11):1-20.

MMWR. 1995. *USPHS/IDSA Guidelines for the Prevention of Opportunistic Infections in Persons Infected with Human Immunodeficiency Virus: A Summary*; **44** (RR-8):1-34.

MMWR. 1995. *Syringe Exchange Programs* -- United States, 1994-1995; **44** (37):684-685, 691.

MMWR. 2003. *Advancing HIV Prevention: New Strategies for a Changing Epidemic* --- United States; **52**(15): 329-332.

MMWR. 2006. *Revised Recommendations for HIV Testing of Adults, Adolescents, and Pregnant Women in Health-Care Settings*; **55** (RR14): 1-17

Nobelföesamlingen (Comité Nobel). 2008. *Pressmeddeland* (Comunicado à Imprensa) de 6/10/2008.

Notícias Médicas. 2007. Professora Maria Odette Ferreira – Premio Universidade de Lisboa 2006. 11 de abril de 2007.

Oliveira, A. 2008. *Preservativo, Sida e Saúde Pública*. Coimbra. Imprensa da Universidade de Coimbra.

Pádua, E., Almeida, C., Água-Doce, I., Nunes, B. & Cortes Martins, H.. 2012. Evolução de casos de transmissão VIH da mãe ao filho em Portugal. Observações, *Boletim Epidemiológico*; 5.INSA. Lisboa.

Panel on Antiretroviral Guidelines for Adults and Adolescents. 2013. *Guidelines for the use of antiretroviral agents in HIV-1-infected adults and adolescents*. Updated. Washington, DC: Department of Health and Human Services. Disponível em: http://.nih.gov/guidelines. Acedido em 9 de junho de 2013.

Parecer da Procuradoria-Geral da República, de 24 de abril, D. R. nº 96, II Série.

Parlamento Europeu. 2006. *Proposta de Resolução Comum*. RC/642203PT.doc.

PCISPD – 1ª Conferência Internacional Sobre Políticas de Drogas nos PALOP. 2014. Professor Henrique de Barros. Disponível em: http://www.conferenciadrogaspalop.org/henrique-de--barros.htm. Acedido em 3 de setembro de 2014.

Peeters, M., Courgnaud, B., Abela, V., Auzel, P., Porrut, X., Bibollet-Ruche et al. 2002. Risk to human health from a plethora of simian immunodeficiency viruses in primate bushmeat. *Emerg Infect Dis*; **8**: 451-457.

PEPFAR. s/d. PEPFAR 'ABC' *Guidance 1 (Abstinence, Be Faithful, and correct and consistent Condom use*: disponível em: http://www.avert.org/abc-hiv-prevention.htm#footnote12_1og4pku. Acedido em 15 de maio de 2014.

Persaud, D. 2014. *The path towards HIV-1 cure: lessons from the "Mississippi Child"*. 20th International AIDS Conference, Melbourne. Symposium presentation MOSY0501.

Ponte, C. 2005. *A cobertura de epidemias na imprensa portuguesa. O caso da Sida*, Actas dos III Sopcom, IV Lusocom e II Ibérico, Covilhã, Universidade da Beira Interior. Vol. IV, pp. 53-60.

Portaria nº 21/95, de 14 de janeiro, D. R. nº 12, II Série.

Portaria nº 258/2005, de 16 de março, D.R. nº 53, I Série-B.

Portaria nº 1584/2007, de 13 de dezembro, D.R. nº 240, I Série.

Portaria nº 655/2008, de 25 de julho, D. R. nº 143, I Série.

Portugal. Ministério da Saúde. 2004. Plano Nacional de Saúde 2004-2010: Mais Saúde Para Todos, vol. I – Prioridades, Lisboa, DGS.

Portugal. Ministério da Saúde. 2010. WHO. Evaluation of the National Health Plan of Portugal 2004 – 2010. Lisboa, DGS.

Rerks-Ngarm, S., 2009. Vaccination with ALVAC and AIDSVAX to Prevent HIV-1 Infection in Thailand. *N Engl J Med*; 361:2209-2220.

Resolução da Assembleia da República nº 161/2011, de 29 de abril, D.R. nº 249, I Série.

Resolução do Conselho de Ministros nº 23/87, de 21 de abril, D.R. nº 92, I Série.

Resolução do Conselho de Ministros nº 197/97, de 18 de novembro, D. R. nº 267, I Série-B.

Rotheram-Borus, M. J., Swendeman, D. & Chovnick, G. 2009. The past, present and future of HIV prevention: Integrating behavioral, biomedical, and structural intervention strategies for the next generation of HIV prevention. *Ann Rev Clin Psychol.*; **5**: 143-167. doi:10.1146/annurev.clinpsy.032408.153530. Acedido em 7-08-2012.

Science. 2011. Breakthrough of the Year: HIV Treatment as Prevention. **34.**

Sharp, P. M. & Hahn, B. H. 2011. Origins of HIV and the AIDS pandemic. *Cold Spring Harb Perspect Med*; 1: a 006841. doi: 10.1101/cshperspect.a006841.

Shilts, R. 1987. *And the Band Played On: Politics, People, and the AIDS Epidemic.* St Martin Press.

Souza, C. 2001. *Características sociodemográficas, comportamentais e vulnerabilidade à infecção pelo vírus da imunodeficiência humana em homens que fazem sexo com homens do "projeto Rio",* tese de doutorado, Fundação Oswaldo Cruz, Escola Nacional de Saúde Pública.

Special Eurobarometer. 2006. *AIDS prevention.* European Commission.

The White House. Office of National AIDS Policy. 2011. NACIONAL HIV/AIDS STRATEGY: Implementation Update.

Thigpen MC, Kebaabetswe PM, Paxton LA, et al. 2012. Antiretroviral Preexposure prophylaxis for heterosexual HIV transmission in Botswana. *N Engl J Med*; **367**:423-34.

Torgal Garcia, J. 2014. Documento biográfico pessoal.

Torre, C., Lucas, R. e Barros, H. 2010. Syringe exchange in community pharmacies – the Portuguese experience. *International Journal of Drug Policy*, **21**: 514-517.

Treisman, G. e Angelino, A. 2004. *The Psychiatry of Aids – a guide to diagnosis and treatment.* Baltimore. The John Hopkins University Press, p. 1.

UNAIDS. 1999. *Sexual risk behavioural change for HIV: Where have theories taken us?* Geneva.

UNAIDS. 2000. *National AIDS Programmes – A Guide to Monitoring and Evaluation.* Geneva.

UNAIDS. 2001. *Keeping the promise. Summary of the declaration of commitment on HIV/AIDS.* United National General Assembly Special Session on HIV/AIDS. New York.

UNAIDS. 2002. *Initiating second generation HIV surveillance systems – practical guidelines.* Working Group on Global HIV/AIDS and STI Surveillance, Geneva.

UNAIDS. 2005. *Intensifying HIV prevention: a UNAIDS policy position paper.* Geneva. Disponível em: http://www.avert.org/abc-hiv-prevention.htm#footnote34_6rqdlce. Acedido em 15 de maio de 2014.

UNAIDS. 2006. *Practical guidelines for intensifying HIV prevention: towards universal access,* Geneva.

UNAIDS. 2007. *AIDS epidemic update*: December 2007, Geneva.

UNAIDS. 2007a. *UNAIDS expert consultation on behaviour change in the prevention of sexual transmission of HIV – highlights and recommendations.* 26-28 September 2006. Geneva.

UNAIDS. 2007b. *AIDS epidemic update*: December 2007, Geneva.

UNAIDS. 2007c. *Monitoring the declaration of commitment on HIV/AIDS: Guidelines on construction of core indicators,* 2008 reporting. Geneva.

UNAIDS. 2007d. *A Framework for Monitoring and Evaluating HIV Prevention Programmes for Most-At-Risk Populations,* Geneva.

UNAIDS. 2008. *UNAIDS: The First 10 Years, 1996-2006.* Geneve.

UNAIDS. 2010a. *Getting to Zero: 2011-2015 strategy.* Joint United Nations Programme on HIV/AIDS.

UNAIDS. 2010b. *Global report: UNAIDS report on the global AIDS epidemic.* Geneva.

UNAIDS. 2011. *Update 30.* Geneva.

UNAIDS. 2011a. *Political Declaration on HIV/AIDS, 2011: intensifying our efforts to eliminate HIV/AIDS*. Geneva.

UNAIDS. 2011b. *Update 30*. Geneva.

UNAIDS. 2011c. *UNAIDS welcomes first voluntary license to the Medicines Patent Pool by a pharmaceutical company*, Press statement, 12 July 2001.

UNAIDS. 2011d. *World AIDS day report – how to get to zero: faster, smarter, better*. Geneva.

UNAIDS. 2011e. *UNAIDS Terminology guidelines*, October 2011 | UNAIDS.

UNAIDS. 2011f. *Global AIDS response continues to show results as a record numbers of people access treatment and rates of new HIV infections fall by nearly 25%*. Press Release. New York / Geneva, 2 June.

UNAIDS. 2012. *UNAIDS reports a more than 50% drops in new HIV infections across 25 countries as countries approach the 1000 days deadline to achieve global AIDS targets*. Press Release. Geneva, 20 November.

UNAIDS/WHO. 2013. *Global report: UNAIDS report on the global AIDS epidemic 2013*. Geneva.

UNAIDS/WHO. 1999. *Guidelines for sexually transmitted infections surveillance*. Working Group on Global HIV/AIDS and STI Surveillance, Geneva.

UNAIDS/WHO. 2013. *Global report: UNAIDS report on the global AIDS epidemic 2013*. Geneva.

UNAIDS/WHO/UNICEF. 2011. *Global HIV/AIDS response - epidemic update and health sector progress towards universal access*. Geneva.

United Nations. 2001. *Declaration of Commitment on HIV/AIDS*. United Nations General Assembly Special Session on HIV/AIDS. 25 - 27 June.

United Nations. 2010. *The Millenium development goals report*. Department of Economic and Social Affairs (DESA). New York.

United Nations. 2010a. *2015 Millennium Development Goals*. 20-22 September.

United Nations - General Assembly. 2006. *Political Declaration on HIV/AIDS*. 15 June.

United Nations - General Assembly. 2011a. *Uniting for universal access: towards zero new HIV infections, zero discrimination and zero AIDS-related deaths. Implementation of the declaration of commitment on HIV/AIDS and the political declaration on HIV/AIDS*. 28 March.

United Nations - General Assembly. 2011b. *Political Declaration on HIV/AIDS, 2011: intensifying our efforts to eliminate HIV/AIDS*. 8 July.

U.S. Department of State. 2011. Secretary of State. Hillary Clinton. *Remarks on "Creating an AIDS-Free Generation"*. http://www.state.gov/secretary/rm/2011/11/176810.htm. Acedido em 5 de junho de 2013.

U.S. Preventive Services Task Force. 2013. *Screening for HIV, Topic Page*. http://www.uspreventiveservicestaskforce.org/uspstf/uspshivi.htm. Acedido em 8 de junho de 2013.

Van Damme L, Corneli A, Ahmed K, et al. 2012. Preexposure prophylaxis for HIV infection among African women. *N Engl J Med*; 367:411–422.

VIH Portugal. 2014. Biografias – Chairs e Oradores. III Conferência VIH Portugal. Zero Novas Infeções VIH, Zero Casos de Discriminação, Zero Mortes Por Sida.

Washington Post. 2006. *Africa Gives 'ABC' Mixed Grades*: http://www.avert.org/abc-hiv-prevention.htm#footnote30_h5wbg5w

WHO – World Health Organization. 2000. United Nations Millennium Declaration. Resolution adopted by the General Assembly [without reference to a Main Committee (A/55/L.2)]. September.

WHO – World Health Organization. 2000. *Millennium Development Goals*. New York.

WHO – World Health Organization. 2003a. *Indicators for Monitoring the Millennium Development Goals – Definitions, Rationale, Concepts and Sources*. New York.

WHO – World Health Organization. 2003b. *Indicators for Monitoring the Millennium Development Goals – Definitions, Rationale, Concepts and Sources*. New York.

WHO – World Health Organization. 2004. *National AIDS Programmes – a guide to indicators for monitoring and evaluating national HIV/AIDS prevention programs for young people*. Geneva.

WHO – World Health Organization, General Assembly Report of the UN Secretary General. 2008. *Declaration of Commitment on HIV/AIDS and Political Declaration on HIV/AIDS: midway to the millennium development goals*, Geneva.

WHO – World Health Organization. 2009. *Rapid advice: antiretroviral therapy for HIV infection in adults and adolescents*. Geneva.

WHO – World Health Organization. 2010. *Antiretroviral therapy for HIV infection in adults and adolescents: recommendations for a public health approach (2010 revision)*. Geneva.

WHO – World Health Organization. 2011. *European action plan for HIV/AIDS 2012-2015*. Copenhagen.

WHO-ROE – World Health Organization, Regional Office for Europe. 2011. *Summary of the European action plan for HIV/AIDS 2012-2020*. Regional Committee for Europe, 61th session. Baku.

WHO/UNAIDS. 2000. *Guidelines for Second Generation HIV Surveillance – the next decade, Working Group on Global HIV/AIDS and STI Surveillance*, Geneva.

WHO/UNAIDS. 2001. *Declaration of commitment on HIV/AIDS: "Global crisis — global action"*. 25-27 June.

WHO/UNAIDS. 2003. *The "3 by 5" initiative*.

WHO/UNAIDS/UNICEF. 2010. *Towards universal access. Scaling up priority HIV/AIDS intervention in the health sector*. Progress Report 2010. WHO press.

Worobey, M., Santiago, M., Keele, B., Ndjango, J.-B., Joy, J. B., Labama, B. L. et al. 2004. Origin of AIDS: contaminated polio vaccine theory refuted. *Nature*; **428** (6985): 820.

Worobey, M., Gemmel, M., Teuwen, D., HaselKorn, T., Kunstman, K. et al. 2008. Direct evidence of extensive diversity of HIV-1 in Kinshasa by 1960. *Nature*; **455**: 661-664.

ÚLTIMOS TÍTULOS PUBLICADOS

1 - Ana Leonor Pereira; João Rui Pita
[Coordenadores]
— *Miguel Bombarda (1851-1910) e as
singularidades de uma época* (2006)

2 - João Rui Pita; Ana Leonor Pereira
[Coordenadores]
— *Rotas da Natureza. Cientístas, Viagens,
Expedições e Instituições* (2006)

3 - Ana Leonor Pereira; Heloísa Bertol
Domingues; João Rui Pita; Oswaldo
Salaverry Garcia
— *A natureza, as suas histórias e os seus
caminhos* (2006)

4 - Philip Rieder; Ana Leonor Pereira; João Rui
Pita
— *História Ecológico-Institucional do Corpo*
(2006)

5 - Sebastião Formosinho
— *Nos Bastidores da Ciência - 20 anos
depois* (2007)

6 - Helena Nogueira
— *Os Lugares e a Saúde* (2008)

7 - Marco Steinert Santos
— *Virchow: medicina, ciência e sociedade
no seu tempo* (2008)

8 - Ana Isabel Silva
— *A Arte de Enfermeiro. Escola de
Enfermagem Dr. Ângelo da Fonseca* (2008)

9 - Sara Repolho
— *Sousa Martins: ciência e espiritualismo*
(2008)

10 - Aliete Cunha-Oliveira
— *Preservativo, Sida e Saúde Pública*
(2008)

11 - Jorge André
— *Ensinar a estudar Matemática
em Engenharia* (2008)

12 - Bráulio de Almeida e Sousa
— *Psicoterapia Institucional: memória e
actualidade* (2008)

13 - Alírio Queirós
— *A Recepção de Freud em Portugal*
(2009)

14 - Augusto Moutinho Borges
— *Reais Hospitais Militares em Portugal*
(2009)

15 - João Rui Pita
— *Escola de Farmácia de Coimbra* (2009)

16 - António Amorim da Costa
— *Ciência e Mito* (2010)

17 - António Piedade
— *Caminhos da Ciência* (2011)

18 - Ana Leonor Pereira, João Rui Pita e Pedro
Ricardo Fonseca
— *Darwin, Evolution, Evolutionisms* (2011)

19 - Luís Quintais
— *Mestres da Verdade Invisível* (2012)

20 - Manuel Correia
— *Egas Moniz no seu labirinto* (2013)

21 - A. M. Amorim da Costa
— *Ciência no Singular* (2014)

22 - Victoria Bell
— *Penicilina em Portugal (anos 40-50 do
século XX): receção, importação e primeiros tratamentos* (2016)

www.ingramcontent.com/pod-product-compliance
Lightning Source LLC
Chambersburg PA
CBHW052038270326
41931CB00012B/2540